Lola Montez

All the world's a stage,
And all the men and women merely players;
They have their exits and their entrances
And one man in his time plays many parts.
(...)

Die ganze Welt ist Bühne,
Und alle Frau'n und Männer bloße Spieler.
Sie treten auf und gehen wieder ab,
Sein Leben lang spielt einer manche Rollen.
(...)

(William Shakespeare)

Marita A. Panzer

LOLA MONTEZ

EIN LEBEN ALS BÜHNE

Verlag Friedrich Pustet
Regensburg

Covermotiv: Porträt der Lola Montez. – Gemälde von Joseph Karl Stieler, 1847. München, Schloss Nymphenburg (Aufnahme: akg-images).

Bibliografische Information der Deutschen Nationalbibliothek
Die Deutsche Nationalbibliothek verzeichnet diese Publikation in der Deutschen Nationalbibliografie; detaillierte bibliografische Angaben sind im Internet über http://dnb.d-nb.de abrufbar.

ISBN 978-3-7917-2562-8

Satz: Vollnhals Fotosatz, Neustadt a. d. Donau
Umschlaggestaltung: Heike Jörss, Regensburg
Druck und Bindung: Friedrich Pustet, Regensburg
Printed in Germany 2014

Diese Publikation ist auch als eBook erhältlich:
eISBN 978-3-7917-6015-5

Weitere Publikationen aus unserem Programm finden Sie auf
www.verlag-pustet.de

Kontakt und Bestellungen unter verlag@pustet.de

INHALT

VORWORT

Die Wahrheit war Lola Montez nicht wichtig. Sie lebte im Jetzt und Heute. Dazu erschuf sie sich jeweils die passende Vita. So wurde aus dem wilden Kind in Indien die spanische Tänzerin, aus dem vorgeblich spanisch-adeligen Spross die bayerische Gräfin Landsfeld. Lola Montez lebte in zwei Jahrhunderten: Einmal wollte sie die Mätresse en titre des vergangenen 18. Jahrhunderts sein. Dann wanderte sie wiederum als Kurtisane von Mann zu Mann, bis sie sich schließlich dreimal in die vermeintliche Sicherheit der Ehe rettete. Zum anderen zeigte sich in ihrem Verhalten (vor allem in den späteren Jahren) bereits eine Selbstständigkeit, die damals nur den „Blaustrümpfen", den Frauen der emanzipatorischen Bestrebungen des 19. Jahrhunderts, zu eigen war.

Die bisherigen Biografen der Lola Montez sahen in ihr entweder eine große Kurtisane oder eine ordinäre Prostituierte, eine unbegabte Tänzerin oder eine Künstlerin von Weltruhm, nur vergleichbar mit Filmstars wie Marlene Dietrich, Marilyn Monroe oder der Pop-Ikone Madonna. Lola Montez verstand es, mit der Presse der damaligen Zeit umzugehen wie die Medienstars dieser Tage. Sie war eine Vorläuferin der medialen Selbstdarstellung, aber auch des medialen Verfolgtwerdens, und ähnelt darin den heutigen royalen Hoheiten und ihrem zwiespältigen Verhältnis zu den Paparazzi.

Einem ihrer Vorträge (The Arts of Beauty) stellte Lola Montez den Satz voraus: „Allen Männern und Frauen aller Länder gewidmet, die sich nicht vor sich selbst fürchten und die genügend Zutrauen zu ihrer eigenen Seele haben, mit der Kraft ihrer eigenen Persönlichkeit aufzustehen und das Wagnis einzugehen, sich den Gezeitenströmen der Welt auszusetzen."

Lola Montez fürchtete sich nicht vor ihrem zügellosen Temperament, sie lebte ihre Stimmungen oft rücksichtslos aus: Einigen galt sie daher als aggressive Egozentrikerin, anderen als charmante Exzentrikerin.

Ein Zeitgenosse meinte über Lola Montez klarsichtig: „Für sie (…) hatte die Wahrheit keinerlei Bedeutung (…) und so verbreitete sie immer wieder die absurdesten Unwahrheiten." Richtig: Lola Montez ging mit der Wahrheit höchst kreativ um. Sie passte ihre Lebensdaten jeweils den augenblicklichen Lebensumständen an. So erfand sie sich immer wieder neu: Rolle um Rolle auf der Bühne ihres Lebens.

„ein sehr anmutiges und hübsches Kind“

Auftritt

ELIZA(BETH) ROSANNA GILBERT – DAS MÄDCHEN

Spielzeit 1821 bis 1836

Irische Herkunft und Geburt

Bereits ihre Geburt und Taufe glichen einem Auftritt. Lola Montez gestaltete sie in ihren Memoiren wie eine Bühneninszenierung: „Mein Vaterland ist Spanien. Ich bin im Jahre 1823 zu Sevilla, der Hauptstadt Andalusiens, geboren, welches das Land der Serenaden und der Balkons ist, der Troubadours und der Romanzen (…) Meine Mutter brachte mich im Jahre 1823 in einem kleinen Hause zu Sevilla, gelegen in der Straße Abados, zur Welt (…) Die Feierlichkeit meiner Taufe fand zu Sevilla in einer Kapelle statt, welche heute die Ehre hat, das Grab des Christoph Columbus zu besitzen. Einen Augenblick stand meine zitternde Wiege unter einem und demselben Dache mit dem Sarge des unsterblichen Seefahrers (…) Auf dem Taufscheine der kleinen Kapelle zu Sevilla empfing ich die Namen Marie Dolores Elisa Rosana Guilbert. Dolores war der bevorzugte Name, bei welchem meine Eltern und die Hausfreunde mich ausschließlich riefen (…) Unaufhörlich über die verliebten Lippen der jungen Eheleute schlüpfend, verwandelte sich der Name ‚Dolores‘, in das leichtere und zartere Wort ‚Lola‘, welchen Namen ich bis auf heute beibehalten habe.“[1]

Zu ihren Eltern hielt Lola fest: „Meine Mutter hat meinen Vater in Irland kennen gelernt, woselbst sie, ihre Erziehung zu vollenden, hingeschickt wurde. Sie wurde in ein katholisches Stift gegeben, in der Umgebung Dublins, unfern des prächtigen Schlosses, welches die Lady Guilbert mit ihrem jungen Sohne bewohnte. Die Liebe der beiden jungen Eheleute begann mit einer Jugendliebe. Oliverres de Montalvo zählte 13 Jahre, als sie von dem Gitter ihres Stiftes aus den jungen Guilbert bemerkte, welcher im 18. Lebensjahre stand."[2]

Gemäß den Memoiren ließ Lolas Mutter die irische Klostererziehung hinter sich und kehrte in ihr Vaterland Spanien zurück, wohingegen der junge „Guilbert", ausgestattet mit einem Offizierspatent, nach England ging. Während eines Urlaubs erneuerte das junge Paar sodann seine Liebe in Sevilla und heiratete. Lolas Mutter brachte dabei nichts anderes als „ihre Schönheit und den Namen ihrer Familie" in die Ehe ein. Allerdings war der junge Gatte „reich genug, um eine Neigungsehe schließen zu können", da sein verstorbener Vater, ein Herzog, ihn in seinem Testament bedacht hatte. Bei ihrer Eheschließung war die Braut angeblich 14 ½ und der Bräutigam 20 Jahre alt.[3] Nach Lolas Angaben wurde sie „inmitten der Flitterwochen, im ersten Jahre der Ehe geboren."[4] Gleich vier Länder beanspruchte sie für ihre Herkunft: „Irländerin durch meinen Vater, Spanierin durch meine Mutter, Engländerin durch meine Erziehung, Französin aus Neigung, und Kosmopolitin durch die Umstände, kann ich von mir sagen, daß ich allen Nationen angehöre oder keiner."[5]

Auf diese phantasievolle Weise erschuf Lola rückblickend ihren Eintritt in die Welt bühnen- und medienwirksam. Es verwundert daher nicht, dass die unterschiedlichsten Geburtsdaten, -orte und -länder über Lolas Herkunft kursierten: Neben Spanien mit Sevilla oder einem kleinen Dorf in Andalusien kam für viele ebenso Montrose in Schottland sowie England in Frage. Später revidierte Lola in ihren Vorträgen die Geschichten ihrer Memoiren und gab als Heimat ihrer Familie zumeist Limerick in Irland an.

Da Lola Montez ihr Geburtsdatum verschwieg oder schönte, schwankten die Angaben zwischen 1818 und 1823. Um 1997

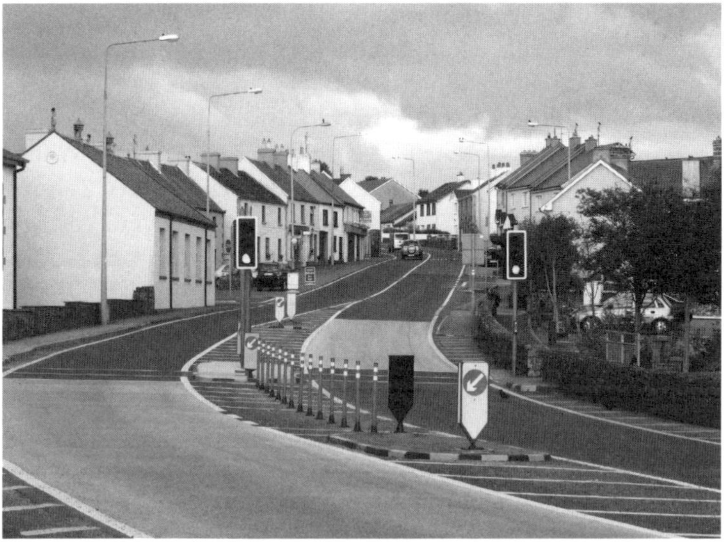

Der Geburtsort: Im irischen Dorf Grange, nahe Sligo gelegen, wurde Lola Montez als Elizabeth Rosanna Gilbert 1821 geboren.

entdeckte dann ein Archivar ein Schriftstück[6], das näheren Aufschluss über Lolas Geburt gab: In diesem Dokument beantragte Lolas verwitwete Mutter eine Pension und legte dem Schreiben einen Taufschein ihrer Tochter bei, versehen mit einem handschriftlichen Vermerk, der besagte, dass Lola Montez als Zweijährige in der anglikanischen Kirche St. Peter zu Liverpool[7] am 16. Februar 1823 auf den Namen Elizabeth Rosanna Gilbert getauft worden war. Das Licht der Welt habe sie am 17. Februar 1821 in einem kleinen Dorf namens Grange im Nordwesten Irlands, nahe der Stadt Sligo, erblickt.[8]

Damit schien das Rätsel um Lolas Geburt und Alter gelöst. Allerdings ergaben nun Nachforschungen, dass sich besagtes Schriftstück nicht mehr auffinden lässt und somit nach wie vor kein sicherer Beleg für Lolas Daten vorhanden ist. Zudem muss man sich fragen, warum sie erst mit zwei Jahren in Liverpool getauft worden sein soll, und nicht, wie sonst üblich, zeitnah der Geburt beispielsweise in der anglikanischen Drumcliffe Church, die an der Straße von Grange nach Sligo liegt.

Trotz dieser Zweifel wird heute übereinstimmend angenommen, dass Lola Montez am 17. Februar 1821 im irischen Grange als Elizabeth Rosanna Gilbert zur Welt kam. Ihre Eltern waren Elizabeth und Edward Gilbert, die am 29. April 1820 in der anglikanischen Christ Church (auch Holy Trinity Church genannt) zu Cork geheiratet hatten.[9] In der Zeitung „Ennis Chronicle and Clare Advertiser", deren Verbreitungsgebiet auch Limerick umfasste, machte man die Eheschließung am 6. Mai 1820 bekannt: „In Cork verheiratet, Edward Gilbert, Esquire des 25. Regiments, mit Eliza, Tochter des verstorbenen Charles Silver Oliver von Castle Oliver M. P."[10]

Die noch sehr junge Braut, etwa 15 Jahre alt, entstammte der anglo-irischen Oliver-Familie, die sich später Oliver-Gascoigne nannte. Charles Silver Oliver, Lolas Großvater, hatte von seiner Geliebten Mary Green vier illegitime Kinder: zwei Söhne, John und Thomas, sowie zwei Töchter, Mary und Elizabeth. Letztere, Lolas Mutter, war die Jüngste und wurde 1805 geboren. Alle vier Geschwister wurden von ihrem Vater anerkannt und erhielten den Nachnamen Oliver. Er sorgte auch für ihre Zukunft: Die Söhne wurden Kaufleute und die Töchter erlernten das Handwerk einer Putzmacherin bzw. Modistin. In seinem Testament bedachte der Vater die vorehelichen Kinder mit jeweils 500 Pfund[11], was damals ein kleines Vermögen war.

Charles Silver Oliver hatte 1798 die Leitung der 20 000 Acres (81 Quadratkilometer) umfassenden Ländereien seiner Familie übernommen, die samt dem Familiensitz Castle Oliver im südlichen Teil der Grafschaft Limerick lagen. Das heutige schlossartige Landhaus wurde allerdings erst 1845 im schottischen Baronialstil erbaut und ersetzte das alte Castle.[12] Lolas Großvater mütterlicherseits entstammte dem protestantischen anglo-irischen Landadel; einer seiner Vorfahren war als Offizier mit der Armee Cromwells nach Irland gekommen und hatte sich 1658 dort niedergelassen. Zu Beginn des Jahres 1805 ehelichte Charles Silver Oliver die ebenbürtige Maria Elizabeth Morris, die ihm sieben eheliche Kinder gebar. Die Oliver-Familie besaß nicht nur in der Grafschaft Limerick, sondern auch in der Grafschaft Cork und in Leitrim Ländereien, die sie aus Eheschließungen mit Erbinnen der Familien Silver und Newman zugewonnen hatte. Von 1661 bis 1801, als die Unionsakte in Kraft trat, hatte die Oliver-Familie einen Parlamentssitz inne.[13]

Charles Silver Oliver lebte zunächst in Inchera, Little Island, in der Grafschaft Cork, wo er 1791 auch das Amt des High Sheriff von Cork bekleidete. 1797 finden wir ihn als Parlamentsmitglied (M. P.) für Kilmallock und 1801 für die Grafschaft Limerick wieder. Zwischenzeitlich scheint er den Wohnort gewechselt zu haben und residierte nun auf Castle Oliver. Allerdings wohnte ein paar Jahre später, 1814, nur mehr ein gewisser George Fosbery dort, wohl ein Verwalter der Olivers; 1837 wurde Castle Oliver bereits als recht verwahrlost beschrieben. Da Lolas Großvater im Jahre 1817 starb, lässt sich daraus schließen, dass sich dieser Zweig der Oliver-Familie überwiegend in der Grafschaft Cork, in Inchera (auch Sun Lodge genannt) auf Little Island aufhielt, zumal Charles Silver Oliver auch seine zukünftige Gemahlin Maria Elizabeth Morris zu Clanmire in der Grafschaft Cork heiratete. Zumindest ist für die Jahre 1791 und 1814 sein Aufenthalt dort nachweisbar.

Über Lolas Großmutter, Mary Green, wissen wir fast gar nichts. Offenbar starb sie früh, da ihr Name nie mehr genannt wird. Zwar war eine Familie Green in der Grafschaft Cork in Airhill seit 1734 beheimatet und 1804 ehelichte ein Thomas Green eine gewisse Mary Sullivan aus der Grafschaft Limerick, aber ob es sich hierbei um Verwandtschaft handelt und diese Mary gar Lolas Großmutter war, bleibt ungewiss. Besser nähern wir uns den Greens womöglich über die Liste der „Freemen of Cork City", die unter den freien Bürgern aufführt: 1778 einen Kaufmann Edward Green, 1796 einen Kaufmann Roger Green sowie einige Greens, die als Esquire, Gentleman oder mit militärischen Rängen bezeichnet werden.[14] Da Lolas Onkel Kaufleute wurden, scheint eine Verbindung zu diesen Greens nicht gänzlich ausgeschlossen.

Über Lolas Vater, Edward Gilbert, erfahren wir genauso wenig. Er war Fähnrich im 25. Infanterie-Regiment der britischen Armee und in Irland stationiert. Von 1782 bis 1805 war sein Regiment in der Grafschaft Sussex beheimatet, ehe es danach sein Rekrutierungsgebiet in die schottische Grenzregion verlegte. Von da ab war es als „King's Own (Scottish) Borderers“ bekannt. Da Edward Gilbert um 1797 geboren wurde, können wir hinsichtlich der Geschichte seines Regiments davon ausgehen, dass seine Familie in Schottland lebte. Welchen gesellschaftlichen Rang diese jedoch einnahm, ist nicht bekannt. Dass er ein unehelicher Sohn eines Herzogs war, wie Lola in ihren Memoiren anführt, ist reine Phantasie. Bei Lolas Geburt war ihr Vater in der Nähe von Sligo stationiert, wie einige Biografen berichten.

Kindheit in Indien

Am 14. März 1823 segelte Edward Gilbert mit Frau Elizabeth und Tochter Lola von Liverpool aus mit dem Schiff nach Indien, wo er im Rang eines Fähnrichs im 44. Infanterie-Regiment dienen sollte. Dieses war in Dinapore stationiert, so dass die Familie von Kalkutta aus noch 530 Meilen weit Richtung Patna fahren musste. Es war eine aufreibende und nicht ungefährliche Reise. Als sie endlich ankamen, war Lolas Vater schwer krank. Er starb am 22. September 1823, wohl an der Cholera, und wurde auf dem dortigen Friedhof begraben. Zu diesem Zeitpunkt zählte Lola zwei und ihre Mutter jugendliche 18 Jahre.

Der Besitz des Verstorbenen wurde versteigert, darunter ein Hund sowie eine Konzertflöte, und erbrachte 460 Pfund 2 Schilling. Außerdem erhielt die Witwe eine Pension und etwa 60 Pfund vom Regiment ausbezahlt. Damit konnte sie einige Zeit ganz gut leben. Dennoch blieb die Frage, wie eine so junge Frau mit einem Kleinkind in Indien allein zurechtkommen sollte. Eine naheliegende Lösung des Problems bot sich in einer neuen Ehe.

Am 16. August 1824 heiratete Eliza Gilbert, Lolas Mutter, daher den 25-jährigen Patrick Craigie. Dieser war Leutnant des 19. Einheimischen Infanterieregiments der britischen Ostindien-Kompanie, lebte seit fünf Jahren in Indien und stammte aus Montrose in Schottland. Craigie wurde zum geliebten Vater der damals erst dreieinhalbjährigen Lola. In ihren Memoiren beschreibt sie Leutnant Craigie: „Er hatte einen schönen Wuchs und ein gewandtes Benehmen, ein ovales, von einem hellkastanienbraunen Barte eingeschlossenes Gesicht, eine offene, majestätische Stirn und lebhafte geistvolle Augen.“[15]

Lolas Kindheit in Indien gestaltete sich frei und ungezwungen. Umsorgt von einer indischen Aja (Kinderfrau) und einem „Heer von Dienern“, lebte sie im Haus ihrer Eltern, das die lebenslustige Mutter zu einem Mittelpunkt der besseren Gesellschaft machte. Die kleine Familie zog von Dinapore nach Kalkutta, wohin Captain Craigie berufen wurde. Lola wuchs in Indien eher wie ein „Naturkind“ auf und lernte nur wenig: „Ich konnte weder ordentlich sprechen, noch lesen, noch schreiben, ich wußte nichts von Allem dem, was in Europa selbst die einfachst erzogenen Kinder wissen müssen. Noch hatte ich von keinem andern Gotte als von Brahma gehört. Ich war nichts als ein unleidliches, verzogenes Kind, verhätschelt von meinen Eltern, meiner Amme und aller Welt.“[16]

Erziehung in Großbritannien

Als Lola fast sechs Jahre alt war, ergab sich die Gelegenheit, das Kind in Begleitung einer Offiziersfamilie (Oberstleutnant Innes mit Frau und Tochter) nach Großbritannien zu schicken, um ihm dort eine angemessene Erziehung zuteilwerden zu lassen. Am 26. Dezember 1826 schiffte sich Lola im 90 km von Kalkutta entfernten Diamond Harbour ein; die Passagierliste führte sie als „Eliza Gilbert, Mrs. Craigies Tochter“.[17]

Im Mai 1827 landete die „Malcolm“ in England. Dort wurde Lola von den Verwandten ihres Stiefvaters erwartet und nach Montrose gebracht. An der Ostküste Schottlands sollte sie die nächsten Jahre bei ihren Stiefgroßeltern verbringen. Großvater Patrick Craigie war Bürgermeister und Stadtrat von Montrose gewesen, hatte sich aber inzwischen mit seiner Frau Mary wieder als Apotheker häuslich eingerichtet. In Montrose soll die kleine Lola durch ihre ungewöhnliche Kleidung und ihr seltsames Benehmen aufgefallen sein. Angeblich lief sie nackt durch die Straßen, was beim schottischen Klima allerdings wenig glaubhaft ist. Ein anderes Mal, so erzählt sie, verschönerte sie während eines Gottesdienstes die Perücke des vor ihr sitzenden Gentleman mit Blumen.

Lolas Stieftante Catherine Rae eröffnete 1831 mit ihrem Ehemann William eine Internatsschule in Monkwearmouth (Durham, Sunderland, England). Die inzwischen zehnjährige Lola kam mit, um bei ihnen unterrichtet zu werden. Lolas Zeichenlehrer Grant erinnerte sich später an seine Schülerin: Sie war „damals ein sehr anmutiges und hübsches Kind von etwa zehn oder (vielleicht) elf Jahren. Ihre Figur wirkte größer, als es ihrem Alter entsprach, war aber ebenmäßig geformt, von fließender graziöser Haltung, deren Charme nur durch einen Ausdruck von dreister Selbstgefälligkeit – ich würde fast sagen von hochmütiger Ungeniertheit – gemindert wurde, in völliger Übereinstimmung mit dem Ausdruck ihres sonst schönen Antlitzes, nämlich dem ihres unbezähmbaren Eigenwillens – eine Eigenschaft, die sich, glaube ich, schon seit ihrer frühen Kindheit gezeigt hatte. Ihre Züge waren regelmäßig, konnten jedoch ihren Ausdruck rasch und stark verändern. Ihr Teint war orientalisch dunkel, aber durchscheinend klar; die Augen waren tiefblau und, wie ich mich genau erinnere, von außerordentlicher Schönheit, strahlten hell und gaben wenig Hinweis auf die sanften und zarten Gefühle ihres Geschlechts als vielmehr auf stürmischere und leidenschaftlichere Erregungen. Der Mund wies ebenfalls auf einen besonders entschlossenen, eher resoluten als sinnlichen Charakter hin, und alles in allem war es unmöglich, sie längere Zeit anzusehen, ohne die Überzeugung zu gewinnen, daß sie sehr eigenwillig und schwierig war. Tatsächlich gaben die Heftigkeit und Halsstarrigkeit ihres Wesens ihrer gutmütigen, freundlichen Tante nur allzu häufig Anlaß zu schmerzlicher Besorgnis; und ich erinnere mich, daß Eliza einmal erst aus ihrer Einzelhaft entlassen werden mußte, in der sie den ganzen vorherigen Tag wegen eines rebellischen

Ausbruchs von Leidenschaft gehalten worden war, damit sie den Unterricht besuchen konnte. Die Tür wurde aufgeschlossen und heraus kam bereits eine kleine Lola Montez, die wie eine junge Tigerin aussah, die gerade von einer Höhle in eine andere entkommen war!"[18]

Diesen Worten kann man entnehmen, dass Lola sich bereits als Kind den weiblichen Erziehungsidealen widersetzte. Sanft und duldsam sollten die zukünftigen Ehefrauen und Mütter sein, wozu die temperamentvolle Schülerin eher wenig Neigung zeigte.

Am 14. September 1832 wurde Lola nach Südengland geschickt, wo sie nahe Reading in die Obhut der Familie Nicolls kam. Die jüngste Tochter der Familie war in etwa gleichaltrig mit Lola. Das Familienoberhaupt, Sir Jaspers Nicolls, notierte über die anwachsende Kinderschar in seinem Tagebuch: „Heute kam aus Durham Hauptmann Craigie's Schwester mit Mrs. C's Tochter an, die wir, ihrer Bitte gemäß, in eine Schule geben sollten. Ich werde eine hübsche Anzahl von Kindern haben, auf die ich aufpassen muss, wenn sie auf diese Weise weiterhin anwächst."[19]

Major-General Sir Jasper Nicolls (1778–1849), ein ehemaliger Vorgesetzter von Captain Craigie in Indien,[20] war seit 1809 mit Anne Babcock (geb. 1783) verheiratet und hatte mit ihr einen Sohn und vier Töchter namens Augusta Jane, Sophia, Emily Ellen und Frances Julia. Die jüngste der Schwestern war am 15. Februar 1820 geboren worden und wurde – laut Lola – Fanny gerufen.

Lola (damals Eliza genannt) kam – gemeinsam mit einer Tochter aus dem Hause Nicolls – zur weiteren Erziehung nach Bath. In ihren späteren Memoiren erzählt sie, dass sie sich mit „Fanny Nicolls" anfreundete: „Sie gefiel mir eben deshalb besser als alle anderen Pensionärinnen, weil ihr Charakter dem meinen gerade entgegengesetzt war. / Fanny war eine kalte Natur, ich war feurig. / Sie war ernst, ich war ausgelassen. / Sie liebte die Schweigsamkeit, ich das Geräusch. / Sie suchte in ihren Spielen Erholung, ich Bewegung. / Sie liebte die Ruhe über Alles, ich konnte niemals ruhig sein. / Und trotz Allem liebten wir beide uns, weil wir uns ohne Unterlaß zankten. Dies gab Gelegenheit uns immer wieder auszusöhnen."[21]

In Bath führten damals zwei Schwestern, Eliza und Caroline Aldridge, eine „Ladies Boarding Academy".[22] In diesem Pensionat für höhere Töchter wurde Lola von 1832 bis 1837 zur Dame der Gesellschaft erzogen. Neben Singen, Tanzen, Klavierspielen, Zeichnen, Nähen und Sticken standen auch Französisch und Latein auf dem Stundenplan. Nur an den Sonntagen war es erlaubt, in der englischen Landessprache zu sprechen, ansonsten wurde französisch parliert. Der Unterricht jener Jahre in Bath legte den Grund für Lolas später oftmals bewundertes breites Wissen über Literatur, Kunst und Philosophie.

Die religiöse Erziehung war protestantisch, wenn auch Lolas Memoiren festhalten, dass sie auf Wunsch ihrer Mutter eine katholische Unterweisung erhielt. Die Ferienzeiten verbrachte Lola bei der Familie Nicolls, wie sie selbst schreibt, entweder auf dem Lande, in London oder einmal sogar in Paris.

Zu früh ging jedoch diese unbeschwerte Schülerinnenzeit zu Ende, denn Mrs. Craigie reiste aus Indien an, um ihre inzwischen 16-jährige Tochter mit dem Ernst des Lebens vertraut zu machen.

„zweifellos sehr hübsch und fröhlich“

Die Proberolle

MRS. THOMAS JAMES – DIE EHEFRAU

Spielzeit 1837 bis 1840

Flucht in die Ehe

Obwohl Sir Jaspers Nicolls sechs Briefe an Lolas Mutter nach Indien geschrieben hatte, erhielt er keine Antwort. Wie er in seinem Tagebuch am 14. Februar 1834 vermerkte, war er über die „unerfreuliche und offensichtlich undankbare Aufgabe“, sich um Lola zu kümmern, nicht gerade glücklich. Das Verhalten ihrer Mutter erstaunte ihn; er meinte, dass diese wie eine Schildkröte handle, die ihre Eier im Sand verscharre, um sie dann der Sonne und dem Zufall zu überlassen.

Dessen ungeachtet, segelte gegen Ende des Jahres 1836 Mrs. Craigie von Kalkutta nach England, um ihre Tochter abzuholen und zu einer bereits arrangierten Heirat nach Indien mitzunehmen. Die Seereise verlief stürmisch. Es dauerte über fünf Monate, bis das Schiff in Penzance anlegen konnte. Nachdem sie Sir Jaspers Nicolls in London getroffen hatte, reiste Mrs. Craigie Ende April 1837 weiter zu ihrer Tochter nach Bath.

Die erste Begegnung von Mutter und Tochter nach über zehn Jahren gestaltete sich offenbar schwierig. Angeblich habe sich Lolas Mutter als allerierstes über die schlecht frisierte Tochter erregt. In ihrer Begleitung befand sich der 30-jährige Leutnant Thomas James, der zur Erholung von Indien und seinem Dienst bei der Ostindien-Kompanie nach Großbritannien zurückkehrte. Lolas „Memoiren" beschreiben ihn mit den Worten: „Er war ein Irländer aus guter Familie, Capitain in einem indischen Regimente (...) Seine Physiognomie war nicht unangenehm, er hatte eine mittelmäßige Taille, braunes, ziemlich schönes Haar, blaue Augen, eine niedrige, gedrückte Stirne." Wenn Lola auch im Nachhinein seinen „Hang zu gewagten Unternehmungen" und seinen „militärischen Despotismus" geißelte, so hatte der „englische Soldat" doch ihre Neugierde erweckt, zumal er sich als ihr „Beschützer" gab.

Speziell seine Unterstützung suchte die junge Lola, da sie dem Eheprojekt ihrer Mutter nichts abgewinnen konnte: „Sie machte mir bekannt, daß meine Verheirathung mit einem reichen Greise, Sir Alexander Lunley (Lumley), schon seit langer Zeit verabredet sei."[23] Heirat ja, aber keinen 60-jährigen Witwer, wenn dieser in Indien auch noch so angesehen und wohlhabend war!

Um dieser unerwünschten Ehe zu entgehen, floh die 16-Jährige mit ihrem Beschützer Leutnant James aus Bath und heiratete ihn sechs Wochen später. Angeblich hatte Lola erwartet, dass der fast doppelt so alte Mann sie wie ein Vater liebe, aber – wie sie sich später zu erinnern glaubte – in der folgenden Nacht verlor sie ihre Unschuld, und „am andern Morgen, dreißig Meilen hinter Bath war er schon nicht mehr mein Papa!"[24]

Nun war die Entführung eines heiratsfähigen Mädchens zwar kein Kapitalverbrechen, jedoch ein veritabler Skandal in der damaligen Gesellschaft. Um diesen etwas abzumildern, musste die Eheschließung des Paares erfolgen. Daher reiste das junge Paar nach Irland und ließ sich von Reverend John James, einem Bruder des Bräutigams, am 23. Juli 1837 in Rathbeggan (Grafschaft Meath), zwischen Dublin und Eniskillen gelegen, trauen. Vorausgegangen war eine Intervention seitens einer Schwester des Bräutigams, um bei der Mutter der Braut die Zustimmung für die Vermählung zu erhalten.[25] Als Trauzeugen fungierten ein Neffe und eine Schwester von Thomas James.[26]

Über diesen Skandal notierte Sir Nicolls, der Vater von Lolas Jugendfreundin, in seinem Tagebuch: „Ich habe immer voraus-

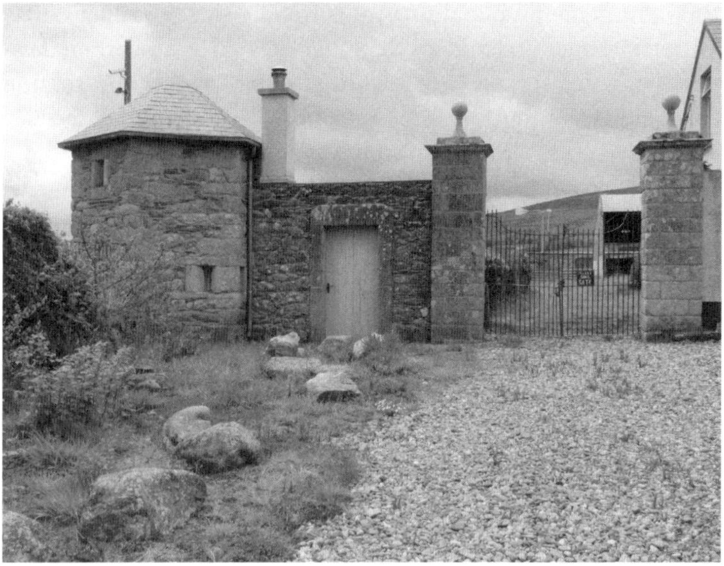

Die junge Ehefrau: Im „Ballycrystal House" (Co. Wexford) verbrachte Lola Montez als jungverheiratete Mrs. Thomas James einige Monate 1837/38. Heute steht nur mehr die Toreinfahrt mit einem Wachturm.

gesagt, daß die Eitelkeit und Lügen von Eliza Gilbert sie in Schande bringen würden – Sie hat sehr schlecht, wenn nicht noch schlechter, angefangen, denn sie heiratete, nachdem sie die Schule im Juni verlassen hat, einen Offizier der (ostindischen) Gesellschaft ohne einen Pfennig Geld, bereits nach zwei oder drei Wochen – Ihre Mutter, fürchte ich, ist daran nicht schuldlos – die 1800 oder 2000 Pfund, die für ihre Erziehung und die Reisen ihrer Mutter aufgewendet wurden, sind verloren."[27]

Lady Nicolls riet nun der untröstlichen Mutter, ihrer Tochter zwar zu schreiben, ihr aber nicht gleich zu verzeihen oder sie gar zu sehen; so reiste diese schließlich wieder nach Indien ab, wie Sir Jasper Nicolls berichtete: „Mrs. Craigie beabsichtigt, da sie durch die Betrügereien ihres törichten Kindes all ihre innere Ruhe verloren hat & von Craigie ermutigt worden ist, in wenigen Tagen wieder nach Kalkutta zurückzukehren. Sie muß wegen vielem bedauert werden – ein freundlicher Stiefvater hat

1000 Pfund an die Erziehung ihres Kindes verschwendet & das niederträchtige undankbare Balg hat dies alles an den erstbesten Mann, den sie traf, weggeworfen. – Der Tag ihrer Bestrafung wird sicher – aufgrund ihrer Falschheit & Betrügerei und der ihres Ehemanns – nicht auf sich warten lassen."[28]

Das frischvermählte Paar bezog zunächst eine Wohnung in Dublin in der Westmorland Street, fuhr jedoch bald weiter in den Südosten Irlands, in die Grafschaft Wexford. Die Familie von Leutnant James gehörte seit Cromwells Zeiten zur angloirischen Oberschicht, wurde reich im Leinengeschäft und residierte in Ballycrystal House.[29] Thomas James (geb. 1771), Lolas Schwiegervater, hatte öffentliche Ämter inne als Magistrat und Mitglied der „Grand Jury" von Wexford und war durch seine Heirat mit Mary Ann Wallace von Ballycourcy nicht nur zu großem Landbesitz, sondern auch zu sieben überlebenden Kindern gekommen. Zunächst wurden die ererbten Landhäuser, Willmount House und Ballycrystal House, nur als Jagdunterkünfte genutzt, da die Familie sich überwiegend in Dublin aufhielt. Als Witwer hatte sich Lolas Schwiegervater allerdings gänzlich nach Ballycrystal House zurückgezogen. Der gesamte Besitz, auch „The Old Yard" genannt, umfasste neben den Ländereien und dem Familiensitz eine Mühle, eine Schule und ein Badehaus am Urrin River. Ballycrystal House verfiel Ende des 19. Jahrhunderts. Heutzutage sieht man davon nur mehr die Toreinfahrt und einen sechseckigen Wachturm der ehemaligen Ummauerung.

Zu Lolas Zeiten war Ballycrystal House eines der großen Landhäuser nahe Kiltealy, zu dem eine gerade Landstraße, die von Mauern flankiert war, bis zum eisernen Tor führte. Hinter dem Familiensitz erstreckte sich den Hang hinauf ein weiter Obstgarten und vor dem Landhaus ein gepflasterter Hof. Durch die Fenster von Ballycrystal House erblickte man im Südwesten die Blackstairs Mountains und die Hügel von Slievebawn. Lola erinnerte sich: „Wir begaben uns jetzt nach Bally-Castel in der Grafschaft Wexford, woselbst mein Schwiegervater seinen Wohnsitz hatte (...) Das Haupt dieser zahlreichen Familie war seit langer Zeit Witwer und eine Magistratsperson (...) So verlebten wir sechs Monate inmitten der Familie des alten Schlosses, welche aus drei Töchtern und vier Söhnen bestand."[30]

Zu den Söhnen gehörten Reverend John James (geb. 1795), dann Lolas Ehemann Thomas James (geb. 1807) und William James Wallace; der Name des vierten Sohnes bleibt unbekannt. Lolas drei Schwägerinnen hießen Anna, Wilhelmina und Sarah, geb. um 1796 in Dublin, die mit Thomas Watson verheiratet war.[31]

Das Landleben in der Grafschaft Wexford bot wenig Abwechslung, zumal für die Frauen: „Es waren da immer dieselben Dinge, welche sich regelmäßig nach der Uhr wiederholten. Erst die Jagd, dann das Essen, nach dem Essen wieder die Jagd. Dann folgten die Tassen Thee, ohne Ende, aber stets genau in gleicher Zahl und in denselben Zwischenräumen angefüllt."[32]

Die Monotonie des Landlebens und die Stille des Landhauses gingen Lola bald auf die Nerven. Weder Musik noch Tanz unterbrachen die Langeweile.

Am Ehehimmel zogen bereits Wolken auf, als Lolas Mann nach Kalkutta „zu seinem Regimente" befohlen und sie dadurch aus dieser „tödtlichen Einförmigkeit" errettet wurde.

Eheleben in Indien

Am 18. September 1838 segelte Lola mit ihrem Ehemann von Liverpool aus nach Indien. Jedoch entfremdeten sich die Ehepartner auf der viermonatigen Reisezeit immer mehr. Leutnant James vertrieb sich die erzwungene Untätigkeit mit reichlich Alkohol, während seine junge Frau zum Tanzen ging und flirtete. Am 25. Januar 1839 ankerte die „Bland" endlich in Diamond Harbour. Nur einige Tage waren ihnen im betriebsamen Kalkutta vergönnt, ehe sie nach Karnal nördlich von Delhi weiterreisen mussten, wo das 21. Einheimischen-Infanterieregiment stationiert war. Karnal liegt am Rande der nordindischen Ebene, umgeben von Feuchtgebieten, in denen die Malariamücken brüteten. Lolas Biograf Bruce Seymour vermutet nun, dass sich Lola hier mit Malaria ansteckte, da sie später immer wieder „an starken Anfällen mit Schüttelfrost, hohem Fieber und Kopfschmerzen" litt.[33] In Karnal richtete sich die junge „Mrs. Eliza James" ihren ersten Haushalt mit entsprechendem Personal ein. Sie gehörte zur Offiziersgesellschaft des Garnisonortes, der jedoch abseits einiger Festivitäten wenig Abwechslung bot.

Deshalb begleitete Lola ihre Mutter im September 1839 in den Kurort Simla, um die heiße Jahreszeit im angenehmen Klima am Fuße des Himalayas zu verbringen. Mrs. Craigie hatte sich zuvor mit ihrer Tochter versöhnt, wie Emily Eden, die Schwester des Generalgouverneurs Lord Auckland, nach Hause berichtete: „Ganz Simla spricht im Augenblick von der Ankunft einer Mrs. James, von deren Schönheit das ganze Jahr die Rede war; (...) Mrs. J(ames) ist die Tochter einer Mrs. C(raigie), die selbst noch sehr hübsch ist, und deren Ehemann stellvertretender Generaladjutant ist oder irgendeinen ähnlich hohen militärischen Rang bekleidet." Nachdem sie die Umstände des Zerwürfnisses zwischen Mutter und Tochter geschildert hatte, fuhr sie fort: „Da es nun einmal geschehen ist, haben wir alle versucht, sie das ganze Jahr über dazu zu überreden, wieder Frieden zu schließen, da sie sich schreckliche Sorgen um ihr einziges Kind machte. Sie hat bis jetzt Widerstand geleistet, aber hat schließlich eingewilligt, sie für einen Monat einzuladen, und sie sind vor drei Tagen eingetroffen."[34]

Der Auftritt der Damen in Begleitung von Mr. James war eindrucksvoll: „Mrs. J(ames) sah wunderschön aus und Mrs. C(raigie) hatte für sie eine sehr vornehme Sänfte mit Trägern in feinen orangefarbenen und braunen Livreen arrangiert, und das gleiche für sie selbst; und J(ames) ist ein elegant aussehender Mann mit hellen Westen und strahlend weißen Zähnen. Er ritt auf einem prächtigen Pferd nebenher, mit einer Haltung respektvoller Aufmerksamkeit für ‚ma belle mère'. Alles in allem war es ein imposanter Anblick, und ich kann keinen anderen Ausweg sehen als großherzige Bewunderung."[35]

Einige Tage später nach einer Einladung zum Abendessen teilte Lady Emily Eden mit: „Mrs. J(ames) ist zweifellos sehr hübsch, und ein solch fröhliches und ungekünsteltes Mädchen (...) und wenn man bedenkt, daß sie mit einem kleinen Leutnant der indischen Armee verheiratet ist, der fünfzehn Jahre älter ist als sie, und daß sie nur 160 Rupien im Monat haben und ihr ganzes Leben in Indien verbringen werden, kann ich Mrs. C(raigies) Groll darüber verstehen, daß sie aus der Schule weggelaufen ist."[36]

Lola erinnerte sich später an diese leichten Tage: „Simla ist das indische Baden-Baden, das Greetna-Green der Verliebten, das Bedlam der alten Knaben, das Paradies der Frauen, ein unglückseliger Aufenthalt aber für viele Männer. / (Denn es) überläßt sich hier der Engländer allen möglichen Ausschweifungen, welche ihn tödten. / Man tanzt, jagt, trinkt, ißt, spielt, die reichen Leute kommen hierher, um die kleinen, so reizenden Capitalsünden zu begehen." Von den Herren verehrt und von den Damen „wohlgelitten", verbrachte Mrs. James „ein Leben voller Freuden und Vergnügungen". Sie wurde durch ihre herausragenden Talente „zur Löwin der Gesellschaft in Simla", wie Lola später meinte: „Ich sang mit Gefühl und hatte eine schöne Stimme, ich tanzte mit Grazie, ich spielte Piano, die Harfe und Guitarre, ich war eine gute Reiterin, ich verstand, die Waffen zu führen, ich konnte fechten und war eine gute Schützin, ich war unermüdlich auf der Jagd."[37]

Auch die unbeschwerten Tage von Simla gingen einmal vorüber, und Lola sah sich wieder mit dem Alltag in Karnal konfrontiert. Dort machte Lady Eden Station auf ihrer Reise in den Süden und traf nochmals mit Mrs. James zusammen, um mit ihr einen Tag zu verbringen: „Sie ging von Zelt zu Zelt und schwatzte den ganzen Tag und besuchte ihre Freundin (...), die zu den Bewohnern des Lagers gehörte. Ich gab ihr ein rosa Seidenkleid und es war offensichtlich alles in allem ein sehr glücklicher Tag für sie. Er endete mit ihrer Rückkehr nach Karnal auf meinem Elefanten (...) Sie war noch niemals zuvor auf einem Elefanten gesessen und fand es ganz herrlich. Sie ist sehr hübsch und offensichtlich ein gutes kleines Ding. Aber sie sind sehr arm, und sie ist sehr jung und lebhaft, und wenn sie in schlechte Hände geriete, würde sie sich selbst bald in furchtbare Verlegenheit bringen. Im Moment ist das Ehepaar noch sehr ineinander verliebt, aber ein Mädchen (...) weiß wohl kaum, was es will."[38] Prophetische Worte, die Emily Eden da niederschrieb, wie bereits die nahe Zukunft erweisen sollte.

Abschied

Die anfängliche Verliebtheit des Ehepaar James erlosch bald. Lola beschuldigte ihren Mann, mit einer anderen Frau weggelaufen zu sein. Was letztendlich die Trennung herbeiführte, bleibt aber im Dunkeln. Schließlich fand sich Lola wieder bei ihrer Mutter in Kalkutta ein, die ausstreute, dass ihre Tochter an den Folgen eines Reitunfalls leide, den sie in Meerut gehabt habe, und daher ärztlich behandelt werden müsse. Im August 1840 kam schließlich auch Mr. James nach Kalkutta und besprach mit seinem Schwiegervater die Bedingungen einer Trennung. Vorerst erhielt Lola Zahlungen von Thomas James zugesagt sowie eine Summe von 1000 Pfund von ihrem Stiefvater für ihren Unterhalt.

Am 3. Oktober 1840 verabschiedeten Stiefvater und Ehemann die 19-jährige Lola, welche an Bord der „Larkins" nach England in ein neues Leben segelte. Auf Bitten Major Craigies sollten der Kapitän des Schiffes, Charles Ingram, und seine Frau Anne sowie ein amerikanisches Ehepaar namens Sturgis ein Auge auf die junge Mrs. Eliza James haben.

Der Abschied fiel schwer, denn Lola sah Indien und ihren geliebten Stiefvater nie mehr wieder. Major Craigie starb mit 44 Jahren am 8. Oktober 1843 und fand auf dem Friedhof von Dinapore seine letzte Ruhe. Er hinterließ seiner Frau, Lolas Mutter, nicht unerhebliche Besitztümer.[39]

Die trüben Gedanken verwehten schnell, als in Madras der etwa 20-jährige Leutnant George Lennox an Bord kam. Bald begannen die beiden jungen Leute eine Liebesaffäre, die sie kaum verheimlichten. Sie spazierten Arm in Arm an Deck, besuchten sich gegenseitig in den Kabinen, und das Zimmermädchen entdeckte die beiden einmal bei einem intimen Zusammensein. Caroline Marden sah – so sagte sie später vor Gericht aus –, wie Lennox das Mieder von Mrs. James zuschnürte und wie diese sich ungeniert in seiner Gegenwart die Strümpfe anzog. Beide sollen nur mit ihrer Unterwäsche bekleidet gewesen sein.

An Bord des Schiffes war es nicht mehr zu übersehen: Eine verheiratete Frau ließ sich in aller Öffentlichkeit mit einem Offizier ein. Welch ein Skandal! Die Vorhaltungen der Frau des Kapitäns, ja des Kapitäns selbst, fanden bei Lola kein Gehör. Als das Schiff schließlich im Februar 1841 in England anlegte, verbrachte das Liebespaar im Gasthof „Star and Garter" zu Portsmouth gemeinsam eine Nacht, wenn sie auch getrennte Zimmer mit einem verbindenden Salon gemietet hatten. Am nächsten Tag logierten sie im Londoner Hotel „Imperial", allerdings in einem gemeinsamen Zimmer und gaben sich als Ehepaar aus. Zu Lolas Leidwesen musste Lennox schon am nächsten Morgen weiterreisen, da er bereits fünf Jahre bei der 4. Madras-Kavallerie in Indien geweilt hatte und sein Vater, Lord George Lennox, ihn daher dringlich in Bognor erwartete.

Alleingelassen nahm Mrs. James kurz entschlossen eine Wohnung in der Beletage der Great Ryder Street Nr. 7. Wenig später zog sie in ein vornehmeres Stadtviertel nach Mayfair in die Half Moon Street um. Bis zum Sommer dauerte die Liebschaft mit Lennox, dann aber, gegen Ende Juli, bewohnte Lola ein weniger elegantes Appartement und mietete schließlich Ende August 1841 „Almond Cottage" in Islington (Hornsey Road), einem Vorort Londons.

Gleich zu Beginn ihres Londoner Aufenthalts war Mrs. James von Verwandten ihres Stiefvaters und ihres Ehemannes aufgesucht worden, um sie zu empfangen. Major Craigie hatte seine Schwester Catherine Rae gebeten, seine Stieftochter mit nach Schottland zu nehmen. Auch Sarah Watson, Lolas Schwägerin, war gekommen, um sie von der gefährlichen Liebschaft ab- und von London wegzubringen. Aber Lola war offenbar zum ersten Mal so richtig verliebt und lehnte alle Versuche, sie zu vereinnahmen, entschieden ab. Als freilich Lennox sie verlassen hatte, somit ihre Hoffnung auf eine neue, vorteilhaftere

Ehe zunichte gemacht war und auch ihr Geld zu Neige ging, entschloss sie sich, nach Edinburgh zu ihrer Stieftante zu fahren. Sie kannte Mrs. Rae seit ihren Kinderjahren in Schottland und ließ sich eher notgedrungen im Oktober 1841 bei ihr in der Nelson Street Nr. 15 nieder.

Lola verbrachte in Schottland einen ruhigen Winter, zu ruhig, denn sie schrieb einem Freund nach London: „Ich bin Edinburgh herzlich überdrüssig und einige Leute haben mir bereits geraten, nach London zurückzukommen.“[40] Im Frühling 1842 beendete schließlich eine gerichtliche Vorladung aus London die beschaulichen Tage. Ihr ferner Ehemann hatte von den Eskapaden seiner Frau erfahren und sie des Ehebruchs angeklagt. Dies war zur damaligen Zeit das aussichtsreichste Verfahren, um sich scheiden zu lassen. Gegen Ende des Jahres 1842 (am 6. Dezember) wurde schließlich das Verfahren wegen „verbrecherischen Verkehrs“ am Oberhofgericht verhandelt.[41] Mr. James und Leutnant Lennox verständigten sich auf die Entschädigungszahlung von 100 Pfund. Am 7. Dezember 1842 berichteten der *Morning Herald* und die *Times* kurz über die gerichtliche Vereinbarung zwischen den beiden Herren; Mrs. Eliza James wurde dabei nicht erwähnt.[42] Leutnant Lennox kehrte nach Indien zurück, wo er am 2. Mai 1844 mit 23 Jahren verstarb.

Einige Tage nach dieser Schlichtung verhandelte man den eigentlichen Scheidungsfall „James gegen James“ am „Court of Arches“, einem zuständigen Tribunal der anglikanischen Kirche. Trotz dreimaliger Aufforderung erschien Mrs. James nicht vor Gericht; mehrere Zeugenaussagen bestätigten jedoch den Ehebruch. Schließlich sprach man die „Trennung von Tisch und Bett“ aus, mit der Auflage, dass sich die Eheleute erst nach dem Tod des jeweiligen Partners wieder verheiraten dürften.

Nun war Lola also eine Frau mit Vergangenheit und finanziell auf sich allein gestellt, da sie keine Unterhaltszahlungen mehr erhielt. Sie musste sich neu orientieren und gab ihrem Leben eine gänzlich unerwartete Richtung.

„eine wunderbar geschmeidige Gestalt“

Debüt und Zwischenspiele

LOLA MONTEZ – DIE SPANISCHE TÄNZERIN

Spielzeit 1841 bis 1845

Debüt in London

Eine junge Frau, die als höhere Tochter erzogen worden war, hatte im 19. Jahrhundert nicht viele Möglichkeiten, sich eine selbstständige Existenz aufzubauen. Entweder begab sie sich in eine untergeordnete Stellung als Gouvernante oder sie wählte den künstlerischen Bereich. Lola sah ihre Zukunft, in richtiger Einschätzung ihrer Persönlichkeit, auf den Brettern, die die Welt bedeuten.

Zunächst wandte sie sich der Schauspielerei zu. Bereits in Edinburgh hatte Lola Kontakt zum Theater gesucht. Nachdem sie aber wieder in London lebte, nahm sie Unterricht bei der ehemaligen Schauspielerin Fanny Kelly, die 1840 eine Schauspielakademie in Soho eröffnet hatte. Allerdings legte man Lola bald nahe, sich doch lieber tänzerisch zu versuchen. Hierbei kämen ihre herausragende Schönheit, ihre grazile Figur und ihre Bühnenpräsenz besser zur Geltung. Natürlich konnte die inzwischen 20-Jährige keine klassische Ballettausbildung mehr absolvieren, deshalb entschied sie sich für das Erlernen spanischer Nationaltänze. Denn Spanien, seine Kunst und Kultur, waren damals sehr in Mode gekommen, und davon wollte die junge Frau profitieren.

Mrs. Eliza James nahm also vier Monate lang Tanzunterricht, reiste sogar für einige Wochen nach Spanien, um sich dort zu vervollkommnen, und kehrte als Donna Maria Dolores de Porris y Montez im Frühsommer 1843 nach London zurück.

Die anglo-irische Mrs. Eliza James, geborene Gilbert, hatte sich somit in Lola Montez, die spanische Tänzerin, verwandelt. Nun hieß es nur noch ein Engagement zu finden. Unter der Protektion von James Howard Harris, Earl von Malmesbury, den sie angeblich auf ihrer Rückreise von Spanien nach Großbritannien im Zug kennengelernt hatte, eröffnete sich die Chance, im Londoner „Her Majesty's Theatre" (Königliches Theater) zu debütieren. Der Theaterintendant Benjamin Lumley versprach sich von ihrem Auftreten einigen Erfolg und ließ Lola Montez zwischen den Akten von Rossinis „Barbier von Sevilla" mit dem spanischen Tanz „El Oleano" auftreten. Das Publikum war illuster, sogar der König von Hannover, der Onkel der englischen Königin Viktoria, war zugegen. Eine Werbekampagne in der *Morning Post* schürte noch die Erwartungen, setzte den Zuschauern aber vorsichtshalber den Unterschied zwischen einer klassischen Tanzausbildung und Lolas Darbietung auseinander: „Donna Lola Montes, die heute Abend auf dieser Bühne ihr Debüt gibt, wird zum ersten Mal dem englischen Publikum den Spanischen Tanz vorstellen (...) Die französische Tänzerin führt ihre Schritte nur mit den Füßen, den Beinen und den Hüften aus. Die spanische Tänzerin tanzt mit dem ganzen Körper, den Lippen, den Augen, dem Kopf, dem Hals, und mit dem Herzen. Ihr Tanz ist die Geschichte der Leidenschaft (...) El Oleano ist, wie die Cachucha (...) ein durch und durch nationaler Tanz, und wird für die Allgemeinheit englischer Augen ebenso neu, wie, nach unserem Dafürhalten, schön sein. Die Spielarten der Leidenschaft, die er verkörpert – die Verträumtheit, die Hingabe, die Liebe, der Stolz, die Verachtung – einer der Tanzschritte, der ‚Tod der Tarantel' genannt wird und ein beliebter Tanzschritt des Landes ist, ist genau die Poesie der rächenden Verachtung –, können nicht übertroffen werden. Der erhobene und nach hinten geworfene Kopf, die blitzenden Augen, der ungestüme und

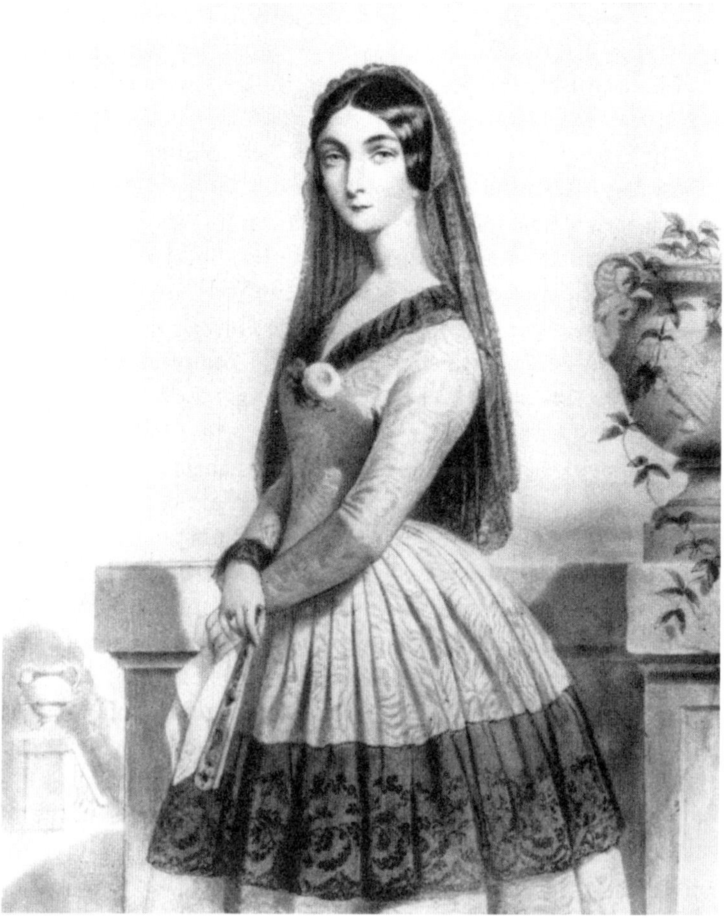

Der Beginn der Karriere: Lola Montez im attraktiven Bühnenkostüm der spanischen Tänzerin mit Mantilla und Fächer. – Zeichnung von Alophe, nach einem Porträt von Dartiguenaveum, um 1843.

ausgestreckte Fuß, der das Insekt zermalmt, liefern für den Maler ein Motiv, das er nicht leicht vergessen wird."[43]

Am 3. Juni 1843 trat Lola Montez erstmals auf die Bühne, gewandet in ein spanisches Kostüm mit engem schwarzem Samtkorsett und weitem Rock in Dunkelrot, Blau und Violett, mit einer Spitzenmantilla auf dem schwarzen Haar und Kastagnetten an den Händen. Am Ende ihres Tanzes brandete begeisterter Beifall auf, Blumensträuße regneten auf sie herab, und Lola musste die gesamte Darbietung wiederholen. Es war ein großer Erfolg!

Auch die Zeitungen priesen die Debütantin. „Die junge Dame kam, sah und siegte“, schrieb der *Morning Herald* und fuhr fort: „Sie ist offenbar eine großartige Pantomimin und versteht sich auf den Ausdruck, der durch Bewegung und Körpersprache herausgearbeitet werden kann.“[44] Die *Morning Post* meinte: „Ihre wunderbar geschmeidige Gestalt nahm Haltungen an, von denen man bislang nicht zu träumen wagte – die Ästhetik wurde dabei immer gewahrt, trotz der Kühnheit ihres Tanzes.“[45] „Donna Montez ist keine Tänzerin in der allgemein verstandenen Bedeutung des Wortes“, schrieb der *Evening Chronicle*. „Ihr Tanz ist nur etwas mehr als eine Geste und Haltung, aber jede Geste und Haltung scheint ein Impuls der Leidenschaft zu sein, die die stolze und hochmütige Denkweise einer schönen Spanierin beherrscht; denn sie ist ausnehmend schön mit ihrer Gestalt und ihren Gesichtszügen (…) Ihr Tanz ist das, was wir immer unter spanischem Tanz verstanden haben – eine Art Monodrama – eine Darstellung von verschiedenen, sehr rasch aufeinanderfolgenden, jedoch zusammenhängenden und übereinstimmenden Gefühlen.“[46]

Lola erinnerte sich später phantasievoll an ihren ersten Bühnenauftritt als spanische Tänzerin: „Die Träume meiner Jugend lebten wieder auf. Ich war nicht mehr in London. Es schien mir, als sei ich zurückversetzt in das farbige Land meiner Kindheit, als wenn mich die Glut dieses Landes anhauche. Das wilde ungezähmte Wesen einer freien Natur ward mir wieder zu eigen, ich tanzte, unbekümmert um den Takt der Musik, welche Mühe hatte, meinen Bewegungen zu folgen, ich tanzte, unbekümmert um den Beifall oder das Mißfallen des Publikums (…) Als ich abgetreten war, gratulirte mir der Direktor, welcher mir verschiedene Herren vorstellte. Ich empfing viele Complimente und Schmeicheleien (…) Der Vicomte begleitete mich nach Hause, und ich hatte eine unruhige Nacht. Ich tanzte noch im Traume meinen Fandango und

Boleros, und ich nicht allein, mein Bette, meine Möbeln, mein Zimmer, Alles tanzte mit."[47]

Diese Euphorie hielt nicht lange an. Einige Herren aus dem Publikum hatten in der vorgeblich spanischen Tänzerin Mrs. Eliza James wiedererkannt und dies dem Theaterintendanten sowie der Presse mitgeteilt. Man fühlte sich betrogen, da das Besondere an der Aufführung nicht die spanischen Tänze selbst waren, sondern dass diese original von einer echten Spanierin dargeboten wurden. Deshalb die Lobeshymnen und die begeisterte Aufnahme. Dass keine Meisterin des Spitzentanzes – wie Marie Taglioni oder Fanny Elßler – auf der Bühne stand, konnte man noch hinnehmen, aber dann nicht einmal eine Spanierin, deren ungewohnte Tanzhaltungen man eben als das Originale angesehen hatte – das war zu viel.

Obwohl Lola nun versuchte, sich in der Presse zu verteidigen und sich weiterhin als gebürtige Spanierin zu präsentieren, durfte sie nicht mehr auftreten. Ihre soeben erst beginnende Karriere als Tänzerin kam abrupt zu einem Ende. Sie verließ London Mitte Juli 1843.

Zwischenspiel in Ebersdorf

Nachdem Lola England den Rücken gekehrt hatte, um zu neuen Ufern und Existenzmöglichkeiten aufzubrechen, fuhr sie per Schiff über den Ärmelkanal und landete nach ihren Angaben in den Memoiren in Calais, reiste weiter über Brüssel nach Paris, dann nach Warschau, St. Petersburg, Berlin, Leipzig, Dresden, Prag, Wien, Venedig, Madrid und wieder Paris. Einen Ort benannte sie nicht, und ausgerechnet dieser ist zu belegen, wohingegen sie einige der anderen Stationen erst später oder gar nicht besuchte. Denn Lola Montez kutschierte ohne große Zwischenaufenthalte ins Duodezfürstentum Reuß-Ebersdorf nach Thüringen, um den dort herrschenden Prinzen zu besuchen.

Die Grafschaft Reuß-Ebersdorf war durch Teilung der Grafschaft Lobenstein im Jahre 1678 mit elf Dörfern, fünf Rittergütern und dem halben Neundorf entstanden. 1712 kamen die Stadt Hirschberg und 28 Dörfer sowie 1824 die Stadt Lobenstein und 17 Dörfer hinzu, so dass das Fürstentum Reuß-Ebersdorf schließlich 24 000 Einwohner in zwei Städten, 45 Dörfern, einigen Mühlen und Gehöften auf einer Fläche von sechs Quadratmeilen umfasste. Seit 1806 waren die Grafen von Reuß-Ebersdorf gefürstet und hatten ihren Regierungssitz bis 1848 im Ebersdorfer Schloss. Im Residenzort Ebersdorf lebten 1840 in 121 bescheidenen Häusern 1192 Menschen. Seit 1730 bestand hier eine Herrnhuter Brüdergemeinde, die das öffentliche Leben entscheidend prägte. Eine erste Ahnung von der großen Welt erhielt der Ort durch seine Kaltwasser-Heilanstalt in den Jahren 1839 bis 1841 mit dem Kurhaus und dem Kursaal, der im Pavillon Bellevue untergebracht war. Dieses herrschaftliche Lusthaus war auf einem Hügel mit wunderbarer Fernsicht bis zur Saale und dem Fichtelgebirge errichtet worden. In Ebersdorf gab es auch eine Kirche mit Pfarrhaus, drei Gastwirtschaften, ein Waisen- und Armenhaus, eine Schule, eine Wassermühle und ein Schießhaus. Zum herrschaftlichen Bereich gehörten das Kammergut, eine Brauerei, Brennerei, Schäferei und Ziegelei, der Holzhof, die Hofschmiede und der Marstall, eine Kaserne sowie Wohn- bzw. Verwaltungsgebäude.[48] Die ökonomische Stärke des Fürstentums lag indes in seinem Waldbesitz.

Aus dem einstmaligen Rittergut in Ebersdorf war durch mehrere Baumaßnahmen ein veritables Schloss mit einem weitläufigen Schlosspark geworden. Die Gartenfront des Hauptgebäudes erhielt eine im klassizistischen Stil errichtete Schaufront, geschmückt mit sieben Säulen, zu der eine gegenläufige Freitreppe hinauf führte. Zur Gartenseite hin befand sich neben dem Hauptgebäude ein achteckiges Vogelhaus mit Kuppeldach. Der südliche Schlossflügel war der Straße zugewandt und mit einer Einfahrt samt Schildwache versehen.[49]

Als Lola ankam, verfügte das Schloss über einen Gartensaal, einen ovalen Tafelsaal im ersten und einen Musiksaal samt Kirchsaal im zweiten Stockwerk. Der nördliche Flügel beherbergte die Wirtschafträume wie Küche, Waschhaus, Mangel-

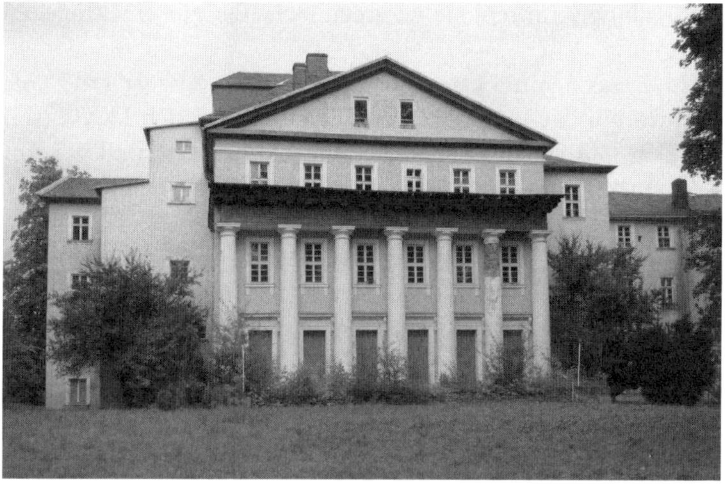

Fürstliche Mätresse auf Zeit: Vom Glanz des Ebersdorfer Schlosses zeugt heute nur mehr die Gartenansicht. Hier verbrachte Lola Montez vier Tage Anfang August 1843.

stube, Schlachthaus, Vorratskammern sowie Unterkünfte der Bediensteten, wohingegen die Wohnräume der Herrschaften im südlichen Flügel untergebracht waren, beispielsweise das „grüne Kabinett", das „rote Gemach", das „gelbe Arabeskenzimmer", das „blaue Eckzimmer" sowie das „Wohn- und Schlafzimmer des Prinzen". Insgesamt zählte das Schloss 120 Räume, die mit getäfelten Fußböden[50], Stuckdecken, Wandmalereien, meisterlichen Öfen, wertvollen Möbeln und Kunstgegenständen ausgestattet waren: Barock, Rokoko, Empire und frühes Biedermeier vereinten sich zu einem harmonischen Gesamtbild. Das Schloss erregte bei seinen Besuchern große Bewunderung. So schrieb 1805 Friederike Gräfin zu Stolberg-Wernigerode an ihre Schwester: Es „ist mit mehr Pracht ausgestattet, als wir es gewohnt sind."[51] Noch 1933 schwärmte der damalige Erbprinz: „Die Reinheit, die Frische der inneren Architektur und der Einrichtung sind der Zauber dieses Hauses. Der Geschmack und die Phantasie der Dimensionen und der Details, wie sie im ausgehenden 18. Jahrhundert ihre letzte

Vollendung erfuhren, sie vereinen sich hier zur glücklichsten Harmonie."[52]

In dieses Schmuckstück zog nun Anfang August 1843 Lola Montez ein. Sie wünschte den Regenten Heinrich LXXII. (seit 1822)[53], den sie in London kennengelernt hatte und der mit Königin Viktoria entfernt verwandt war, zu besuchen und die Freundschaft zu vertiefen.

Ein Zeitgenosse charakterisierte Heinrich derart: „Er war launisch, brutal, herrschsüchtig, jähzornig bis zur Unbeherrschtheit. Es gab nur einen Willen, und das war seiner. Er hatte die Manieren eines sogenannten tollen Junkers und wirkte wie ein Despot, ein Überbleibsel aus vergangenen Jahrhunderten."[54] Er drangsalierte seine Beamten, Offiziere und Dienerschaft nicht nur, sondern schlug sie auch. 1844 befahl er, dass sich alle Bediensteten mit ihrem Titel anzureden hätten, bei Nichteinhaltung musste eine Strafe von einem Taler bezahlt werden. In dieser Anordnung kann man übrigens auch den Ausdruck „reite ich auf einem Prinzip herum" lesen, durch den Heinrich LXXII. als noch heute sprichwörtlicher „Prinzipienreiter" allgemein bekannt wurde.[55]

Der Fürst bereitete der Tänzerin einen glänzenden Empfang. Er ließ sie mit der Kutsche von Leipzig abholen. Die Fahrt nach Ebersdorf verlief nicht ohne Zwischenfälle; man überlieferte: „Den Kutscher, der sie vierspännig in die Residenz fuhr, schlug sie mehrmals mit ihrem Fächer ins Gesicht, weil er ihr nicht die Zügel überließ."[56] In der Residenz wurde Lola großartig empfangen: Die Schlosswache und die Bediensteten waren zur Begrüßung angetreten; Zimmermädchen und Zofen standen zu ihrer Bedienung bereit. Diese waren „gutmütige Ebersdorfer Landmädchen", die die „übermütige Spanierin" – wie es heißt – auf „jegliche Weise" quälte: „Sie biß und kratzte dieselben, und die Bedienten fühlten mehr als einmal ihre Reitpeitsche."[57] Mit dieser köpfte sie auch bei einem Spaziergang im Park die Blumen, flocht daraus einen Kranz, den sie dem Zuchthengst des Fürsten umhängte.

Selbst ein Ausflug mit Picknick zum Jagdschlösschen Waidmannsheil erfüllte nicht Lolas Erwartungen, denn Fürst Heinrich ließ auch seine Untertanen an den höfischen Festen teilnehmen, allerdings nur als „Staffage". So spielte die Kapelle der Wald- und Bergarbeiter, hinter Büschen versteckt, zum Frühstück im Grünen auf, wozu Lola zu jedem vorgeblich falschen Ton demonstrativ das Gesicht verzog. Als dann auch noch ein Kinderchor hoch von den Bäumen herunter zu singen anfing, hielt sie sich die Ohren zu und rief: „Oh, das ist schrecklich! Werdet diesen Pöbel los!" Einer der Buben fiel vom Baum und Lola soll den Hund des Fürsten auf ihn gehetzt haben. Heinrich, dessen Zorn immer mehr anschwoll, riss den Hund zurück und schrie Lola an: „Das wird nie wieder passieren, Madame! Ich bin hier der Herr!" Worauf Lola schnippisch geantwortet haben soll: „Und ich bin die Mätresse!"[58]

Noch am selben Tag, den 4. August 1843, musste Lola Montez das Fürstentum Reuß-Ebersdorf verlassen. Darauf meinte Lola im Hinblick auf die Kleinheit des Territoriums spöttisch, dass dies ja keine so weite Reise sein könne.

Fürst Heinrich hatte der Tänzerin einen Reisepass auf den Namen Mrs. James ausgestellt und ein Empfehlungsschreiben an den Kapellmeister des sächsischen Hoftheaters in Dresden mitgegeben. 2000 Taler Reisegeld sollten Lola für entgangenes Glück abfinden.[59] Mit ihrem Gastauftritt als fürstliche Mätresse war sie damit nach wenigen Tagen kläglich gescheitert. Wieder musste sie ihre Rolle als spanische Tänzerin aufnehmen.

Auftritte in Dresden, Berlin und Warschau

Nur wenige Tage nach dem Ebersdorfer Zwischenspiel kam Lola Montez in Dresden an, nahm im „Hotel de Wien" Wohnung und debütierte am 9. August 1843 am dortigen Hoftheater. Ihre spanischen Tänze (El Oleano, La Sevilliana, Los Boleros de Cádiz) wurden zunächst zurückhaltend aufgenommen, wie ein Artikel in der *Abendzeitung* beweist: „Das Tanzdivertissement angehend, fanden wir bei Donna Montez heute, wie gestern, wenig Grazie in Stellung und Bewegung, zu wenig Fertigkeit in dem, was die höhere Tanzkunst nach den Leistungen einer Taglioni, Elßler, u.s.w. fordert."[60] Der Kritiker war offensichtlich ein Anhänger des klassischen Balletts und konnte mit dem Ausdruckstanz der Montez wenig anfangen. Da die Meinung des Publikums weiterhin geteilt blieb, trat Lola nur noch einmal am 13. August in Dresden auf, ehe sie – versehen mit Empfehlungsschreiben – nach Berlin reiste.

Bereits am 26. August 1843 debütierte Lola Montez in der preußischen Hauptstadt, die damals etwa 350 000 Einwohner zählte. Sie gab vier Vorstellungen mit zwiespältigem Erfolg. Die Zeitungskritik lobte zwar ihre Schönheit, bemängelte aber ihren „zu lebhaften" Tanzstil, dem es „an Feinheit mangele"; man sah in ihrem Tanz „ein körperliches Herausfordern" und meinte gar prüde: „Wenn (man) von der Taglioni sagt: sie schreibt mit dem Fuße Weltgeschichte, so möchte man von der Donna Montez sagen: sie schreibt mit dem ganzen Körper Casanovas Memoiren."[61] So spaltete Lola Montez wieder einmal das Publikum: hier Bewunderer, dort Brüskierte. Dessen ungeachtet wurde sie zu einer Privatvorstellung vor dem königlichen Hofe nach Potsdam eingeladen. Lola Montez tanzte dort nicht nur vor dem preußischen König Friedrich Wilhelm IV., sondern auch vor dessen Schwager, dem russischen Zaren Nikolaus I., der gerade zu Besuch weilte. Gerüchte machten die Runde: Der spanischen Tänzerin wurde eine Liaison mit dem königlichen Bruder Albrecht nachgesagt. Außerdem soll sie die Bekanntschaft des Schriftstellers Eduard von Bülow (und dessen Sohn Hans) gemacht haben, worauf dieser seine Novelle „Die allerneueste Melusine" verfasste – mit einer Tänzerin als Protagonistin, für welche Lola Patin stand.

Ein weiterer Vorfall sorgte für Aufsehen in Europa und machte Lola Montez zeitlebens zur „Frau mit der Peitsche": Bei einer Militärparade zu Ehren des Zaren in Friedrichsfelde am Stadtrand von Berlin erschien sie auf einem prächtigen Reitpferd. Angeblich scheute ihr Ross bei einem Salutschuss, ging mitsamt seiner Reiterin durch und galoppierte in den abgesperrten Bereich der königlichen Hoheiten. Ein Gendarm holte Lola ein, griff in die Zügel und wollte sie samt Pferd

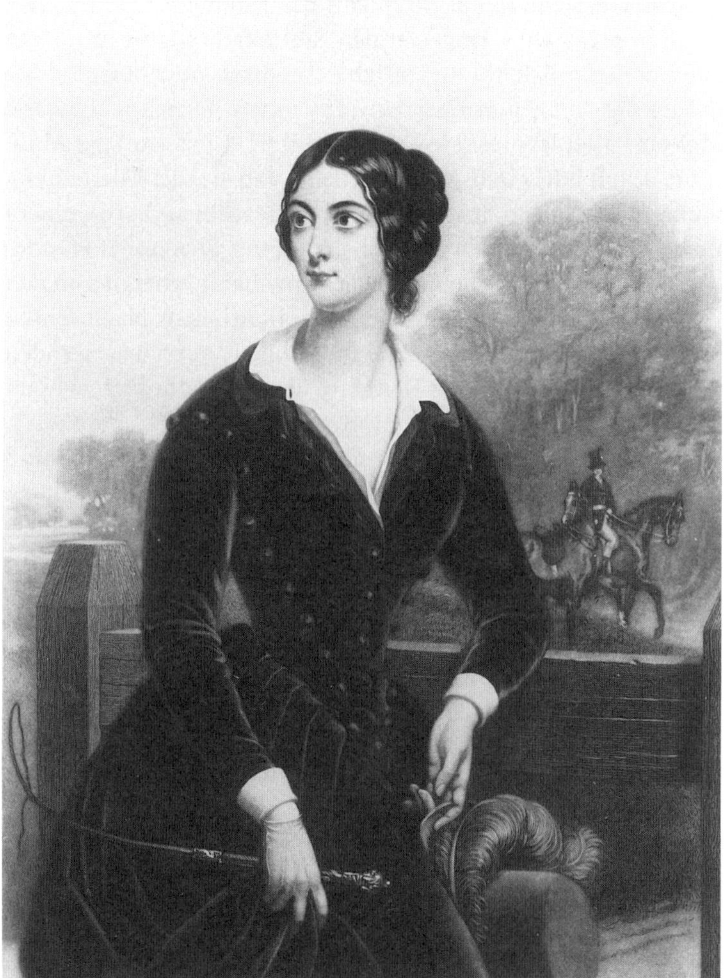

Die Amazone: Als „Frau mit der Peitsche" wurde Lola Montez aufgrund ihrer wehrhaften Peitschenhiebe in der ganzen Welt bekannt. – Zeitgenössische Lithografie eines unbekannten Künstlers, 1846.

wieder zurückführen, worauf er aber von der verärgerten Amazone einen Hieb mit der Peitsche erhielt.

Später berichtete der Intendant des Münchner Hoftheaters auf König Ludwigs Frage zu den Berliner Ereignissen: „Dem allerhöchsten Befehle (...) pflichtschuldigst Folge leistend berichtet der treugehorsamst Unterzeichnete Euer Koeniglichen Majestät allerdevotest, wie die spanische Tänzerin Lola Montez dadurch öffentlich Anstoß erregte, daß sie, der Mittheilung mehrere Zeitungen zufolge, in einem Gasthof zu Berlin einem ihr gegenüber sitzenden Offizier, der ihr mit übergroßer Freundlichkeit zu begegnen bemüht war, ein Champagnerglas an den Kopf warf, daß sie ferner, ebenfalls öffentlichen Nachrichten zufolge, einem bei einer Revüe in Berlin sie zurechtweisenden Polizeicommissär mit der Reitgerte übers Gesicht hieb, worauf sie mit 14tägigem Arrest bestraft wurde (...)."[62]

Die reale Konsequenz aus diesem tätlichen Zwischenfall war dagegen eine gerichtliche Vorladung, der Lola Montez keine Folge leistete. Verurteilt wurde sie nicht, wie allerdings einige Zeitungen fälschlich berichteten, sondern man legte ihr nahe, Berlin zu verlassen.[63] Mächtig lustig machte sich freilich die ausländische Presse über die peitschenschwingende Amazone, die den preußischen Offizieren das Fürchten lehrte. Dadurch wurde Lola Montez europaweit bekannt, wenn auch nicht unbedingt auf vorteilhafte Weise – denn einer Frau wurde im 19. Jahrhundert die handgreifliche Selbstverteidigung nicht zugebilligt. Das weibliche Geschlecht galt als das schwache, das des männlichen Schutzes bedurfte. Mit dem Peitschenhieb – später benutzte sie auch Messer und Pistolen – verletzte Lola Montez eine allgemeine gesellschaftliche Norm und beleidigte nicht nur einen Offizier, sondern zugleich alle Männer in ihrer Ehre.

In Berlin war daher kein Bleiben mehr, und so machte Lola sich auf nach Russland. Sie wollte in St. Petersburg auftreten, kam jedoch nur bis nach Warschau. Polen unterstand damals der russischen Herrschaft, und Prinz Iwan Fedorowitsch Paskiewitsch regierte das Land als Vizekönig. Der polnische Aufstand der Jahre 1830/31 war niedergeschlagen worden, woraufhin zahlreiche freiheitsliebende Polen ins Ausland emigrierten.

Mit Hilfe ihrer Empfehlungsschreiben bekam Lola schnell Kontakt zu einflussreichen Persönlichkeiten wie dem Bankier Piotr Steinkeller und dem Zeitungsherausgeber Antoni Lesznowski. Schon bald durfte Lola Montez ihre Tänze – El Oleano, Los Boleros de Cádiz, La Sevilliana, La Saragossa – im Grand Theater zeigen; sie hatte Auftritte am 21. und 24. Oktober sowie am 7. und 11. November 1843. Wieder spaltete ihre Darbietung die Zuschauer in Begeisterte und Ablehnende. Die Hochrufe und Pfiffe der verschiedenen Gruppen im Publikum meinten jedoch nicht nur Lolas Tanz, sondern waren auch eine politische Demonstration. Als bei ihrer letzten Vorstellung ein Tumult ausbrach, trat Lola an die Bühnenrampe und verkündete mit Blick auf die Loge des Theaterdirektors Oberst Abramowicz: „Meine Damen und Herren, ich verdanke diese unwürdige Beleidigung diesem Herrn! Dort ist der Schuft, der sich so an einer schwachen Frau zu rächen versucht, die seinen infamen Anträgen nicht nachgeben wollte!“[64] Nach dieser Erklärung wurde Lola Montez in ihrem Hotel unter Hausarrest gestellt und schließlich des Landes verwiesen. Man fürchtete einen politischen Aufruhr, denn um die aufmüpfige Tänzerin sammelte sich bereits die national gesinnte Jugend Polens.

Als Lola schließlich am 22. November 1843 Warschau verließ, wurde sie ein Stück des Wegs von begeisterten Polen eskortiert. Der sie bis zur preußischen Grenze begleitende Offizier Rospopov schwärmte noch in seinen Erinnerungen: „Lola Montez war die Schönheit selbst, die verkörperte Vollkommenheit. Sie hatte blaue Augen, dichte schwarze Wimpern, fein geschwungene Augenbrauen, üppiges, dickes, schwarzes Haar mit bläulichen Glanzlichtern, eine geschmeidige Figur. Dazu war sie voller Charme, fröhlich, liebenswert, verführerisch und gleichzeitig naiv wie ein Kind.“[65]

Lola machte sich nun entlang der Ostseeküste in Richtung St. Petersburg auf den Weg. In Stettin blieb sie etwa zwei Wochen, tanzte dort am 30. November und 1. Dezember 1843. Am 9. Dezember traf sie in Danzig ein und absolvierte ab dem 13. Dezember drei Bühnenauftritte, die wiederum sehr gemischt aufgenommen wurden. Am 4. und 6. Januar 1844 tanzte Lola Montez in Königsberg und beeindruckte die Zuschauer; ein Kritiker formulierte: „Im Nu ihres Erscheinens ergießt sie volles Leben über die ganze zahllose Versammlung, jedes Auge heftet sich an die reizende Gestalt, jeder Blick folgt ihren leisesten Schwingungen, staunt dem schnellen Wechsel der Bewegung, und spiegelt sich in dem leichten Spiel ihrer schwebenden Schritte. Sich niedertauchend, fast dem Boden gleich, um dem liebesglühenden Majo zu entschlüpfen, erhebt sie sich mit Blitzesschnelle, steht majestätisch da, wie eine Göttin, vor welcher der Sterbliche in den Staub sinken muß; dann zürnt sie dem Frechen, stampft mit dem Fuß; aber überwunden von dem sehnsüchtigen Blick neckt sie ihn scherzend, schwingt sich mit elastischem Körper rechts und links; ist mit der schnellsten Bewegung nicht mehr zu erfassen, bis sie selbst, scheinbar den Kampf aufgebend, doch stets angebetete Siegerin bleibt. – Ein Beifallssturm, der sie überdeckt, bezeugt es laut, und wir wollen gern gestehen, Donna Lola Montez hat uns besiegt (...)."[66]

Nach ihrem Auftreten in Königsberg verliert sich die Spur der Lola Montez; ob sie jemals St. Petersburg erreichte, wie sie später in ihrem Memoiren schrieb, bleibt dahingestellt. Jedenfalls stieg sie am 15. Februar 1844 in Tilsit aus der Postkutsche, offenbar von Riga kommend, auf ihrem Weg nach Paris. Denn das kulturelle Zentrum jener Zeit war die Hauptstadt Frankreichs, und dorthin wollte Lola Montez, um als spanische Tänzerin zu brillieren.

Intermezzo mit Liszt

Ganz spontan unterbrach Lola ihre Reise wenige Tage später: Sie wünschte Franz Liszt, den bekanntesten Klaviervirtuosen der Zeit und großen Frauenliebling, kennenzulernen. Lola hatte gelesen, dass Liszt eine Reihe von Konzerten in Dresden (und eines am 24. Februar in Dessau) geben werde. Nun ist es unklar, wo Lola den berühmten Pianisten zuerst traf. Als gesi-

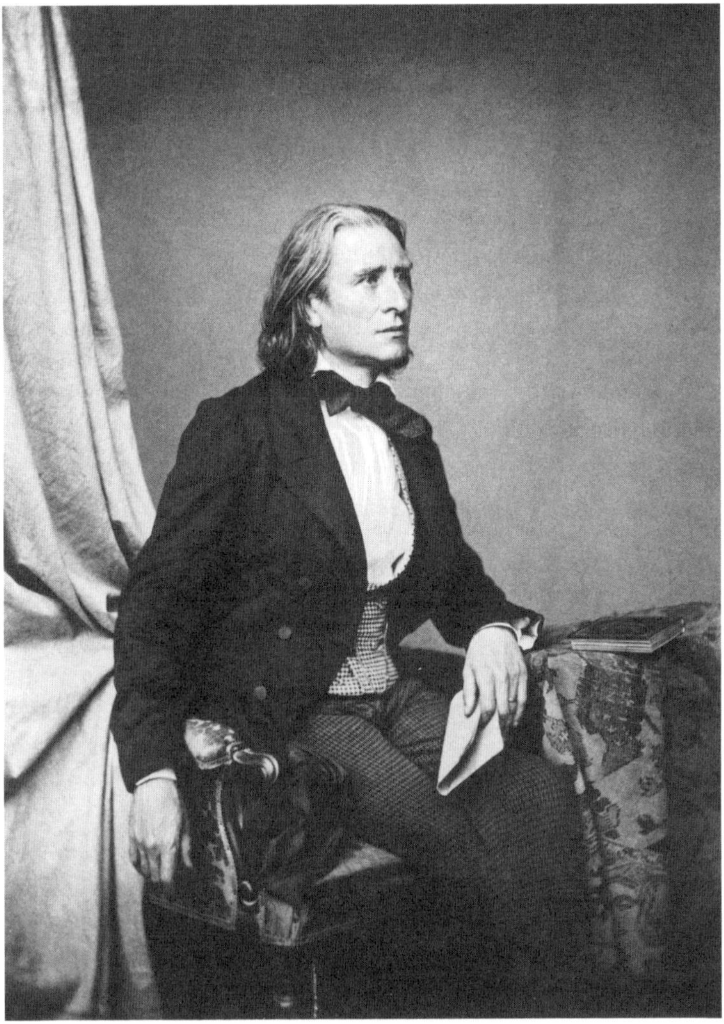

Der Liebhaber: Mit Franz Liszt, dem berühmten Klaviervirtuosen und Komponisten, ging Lola Montez 1844 eine kurzlebige Liebschaft in Dresden ein. – Fotografie von Franz Hanfstaengl, 1858.

chert gilt aber, dass beide zusammen in Leipzig waren und zu Dresden im „Hotel de Saxe" angrenzende Zimmer bewohnten.[67] Der Weimarer Hofkapellmeister Liszt war am 27. Februar in Dresden aufgetreten und wollte nun unbedingt am 29. Februar die Oper „Rienzi" des Königlich Sächsischen Hofkapellmeisters Richard Wagner sehen und hören.

Hinter der Bühne begegneten sich Wagner und Liszt, der sich in Lolas Begleitung befand. Liszt drückte Wagner seine Bewunderung aus, zu einer weiteren Annäherung der beiden Komponisten kam es damals nicht. Offenbar störte Lolas Gegenwart Wagner so sehr, dass er noch Jahre danach empört von ihren „unverschämten Augen" und ihrem „herzlosen, dämonischen Wesen" sprach.[68] Bezeichnenderweise wurde Wagner später wegen seiner engen Beziehungen zu König Ludwig II. von Bayern, dem Enkel König Ludwigs I., als „Lolus" oder „Lolotte" verspottet, da er für den sogenannten Märchenkönig „die Rolle der Lola" spielte, wie Josephine Kaulbach ihrem Mann 1865 aus München berichtete.[69]

Noch eine weitreichende Begegnung kam damals – angeblich auf Lolas Vermittlung hin – zustande: Der jugendliche Hans von Bülow wurde Liszt vorgestellt und zu seinem Schüler. Dieser ehelichte schließlich Liszts Tochter Cosima, die nach erfolgter Scheidung Richard Wagner heiratete.

Allmählich neigte sich Lolas Beziehung zu Liszt dem Ende zu. In der Rolle der Begleiterin eines umschwärmten Künstlers fühlte sie sich nicht wohl. Die Tänzerin war es gewohnt, selbst im Mittelpunkt der Bewunderung zu stehen. Nach einem missglückten Abendessen, bei dem es zum Streit zwischen dem italienischen Tenor Pantaleoni, dem deutschen Architekten des Dresdner Opernhauses, Gottfried Semper, und Lola Montez kam, trennten sich ihre Wege. Die *Dresdner Abendzeitung* berichtete am 19. März 1844 über den Vorfall ironisch: „Mehrere Künstler und Kunstfreunde gaben Liszt ein Souper, welches durch nationalen Contrast der Debatten des agitirten Italieners (Pantaleoni), der sich gründlich vertheidigenden Spanierin Lola Montez (in deren Gesellschaft Herr Liszt sich hier viel zeigte) und des nicht immer zögernden Deutschen ein äußerst interessantes war und dem großen Künstler ein freundliches Andenken an Dresden verschaffen wird."[70]

Noch einmal trafen Lola Montez und Franz Liszt zusammen: Als im August 1845 in Bonn Ludwig van Beethovens Denkmal eingeweiht wurde, verschaffte sich die Tänzerin Zutritt zu einem Festbankett, auf dem Liszt einen Toast aussprach und dabei vergaß, die anwesenden Franzosen zu begrüßen. Es kam zu heftigen Protesten. Lola wollte vermittelnd eingreifen und dem niedergeschrienen Professor Wolff Gehör verschaffen: „Da geschah denn das Unglaubliche", so berichtete ein Augenzeuge, „dass die in der Mitte des Saales placierte Lola mit der kecken Gewandtheit einer Tänzerin zwischen Flaschen und Gläsern auf den Tisch sprang, und heftig gestikulierend dem Prof. Wolff zurief: ‚Parlez donc, Monsieur Wolff, parlez donc je vous en prie' (Sprechen Sie doch, Herr Wolff, sprechen Sie doch bitte) usw. ‚Hurrahs und Bravos' folgten diesem alles bisherige in den Schatten stellenden frech-komischen Auftreten der kühnen Halbweltdame und unsere Kölner Gesellschaft (...) ließ ihrem kölnischen Humor die Zügel schießen und erging sich in allerhand Scherzen über die tolle Scenerie. Dagegen erhob sich nun ein gewaltiger Sturm der nicht an Kölnische Ausgelassenheit gewöhnten Umgebung; es ertönten Rufe ‚Hinaus', und man sah schon drohende Arme in der Luft; kurz es entstand ein solcher Tumult und solch betäubender Lärm im Saale, wie man es sonst in einer gebildeten, festlichen Gesellschaft nicht für möglich gehalten hätte."[71] Ein heftiges Gewitter soll dem Aufruhr der Festgesellschaft ein Ende gesetzt haben.

Lola Montez und Franz Liszt hatten sich im gegenseitigen Einvernehmen getrennt, wenn auch andere Gerüchte die Runde machten. Dennoch hielt Liszt Lola für „das vollendetste, bezauberndste Geschöpf, das ich je gekannt (...) O! man muss sie gesehen haben! Sie ist immer neu! Immer plastisch! In jedem Momente schöpferisch! Sie ist wirklich ein Dichter! Das Genie der Anmuth und der Liebe! Alle anderen Frauen verbleichen neben ihr!"[72]

Dass Liszt Lola in ein Hotelzimmer einschloss und dann heimlich abreiste, nicht ohne den Hotelier für das von der Verlassenen in einem Wutanfall zertrümmerte Mobiliar entschädigt zu haben, bleibt eine später entstandene Legende. Vielmehr reiste Lola Montez – wie sie es vorgehabt hatte – friedlich nach Paris ab, von Franz Liszt mit einem Empfehlungsschreiben versehen, das ihr dort die Türen öffnen sollte.

Bohème in Paris

Paris war damals die Kunstmetropole Europas. Hier trafen sich Geldadel und Großbürgertum mit den Akteuren der Kulturszene, wie dem Verfasser der „Drei Musketiere", Alexandre Dumas, dem Schriftsteller Victor Hugo („Der Glöckner von Notre Dame", „Die Elenden"), dem „Teufelsgeiger" Paganini, dem Komponisten Rossini, dem berühmte Honoré de Balzac, dem aus Deutschland kommenden Heinrich Heine und der emanzipierten Autorin George Sand. Zu allen hatte Franz Liszt Kontakt. Ohne Protektion konnten sich nur wenige durchsetzen. Daher hoffte auch Lola auf einen begüterten und einflussreichen Freundeskreis.

Dieser fand sich umgehend, denn bereits am 27. März 1844 konnte Lola Montez auf der Bühne der Pariser Oper vor vollbesetztem Hause mit zwei spanischen Tänzen debütieren. Wieder nahm das an den konventionellen Ballettstil gewöhnte Publikum ihre dramatische Tanzweise zwiespältig auf, zuerst neugierig-gespannt, dann eher ablehnend. Die Pariser *Estafette* meinte dazu: „Mlle. Lola Montez ist eine sehr gut aussehende Person, die mit einer hübschen Figur und den schönsten Augen der Welt ausgestattet ist. Wenn das genügen würde, wäre ihr Erfolg vollkommen gewesen (...) Mlle. Lola hat keine Ahnung, wie man tanzt; sie kennt nicht die ersten Grundlagen der Choreographie. Ihre Figur und ihre Augen, die sie dem Publikum mit kämpferischer Gewißheit vorführte, entwaffneten die Zuschauer nicht, die sie (...) mit solcher Heftigkeit auszischten, daß dies die Entfernung ihres Namens von den Programmen beschloß. Mlle. Lola Montez hat als Trost immer noch ihre Schönheit (...)."[73]

Mittels dieser samt ihrem Geist und Charme gewann Lola in Paris dennoch immer mehr Freunde und Unterstützer. Im Herbst 1844 lernte sie Alexandre Henri Dujarier, den Miteigentümer und Redakteur der Zeitung *La Presse,* kennen. Beide verliebten sich ineinander, und Lola bezog eine Wohnung neben der seinen in der eleganten Rue Lafitte. Sie galt nicht nur als seine Geliebte, sondern auch als seine zukünftige Ehefrau.

Leider war Lolas Glück nicht von Dauer. Wegen Streitigkeiten bei einem Spielabend in der Demimonde musste sich Dujarier einem Duell im Bois de Boulogne stellen. Der Pistolenhandhabung unkundig, verfehlte er seinen Herausforderer, wurde von diesem mitten ins Gesicht geschossen und starb in den Armen des Arztes.

Lola hatte ihren Verlobten an diesem Duellmorgen nicht mehr zu Gesicht bekommen; von schlimmen Ahnungen getrieben, suchte sie ihn, musste jedoch erfolglos in ihre Wohnung zurückkehren. In der Mittagszeit kam die Kutsche Dujariers an. Als Lola den Wagenschlag öffnete, fiel ihr sein Leichnam entgegen. Lola brach zusammen und benötigte ärztliche Hilfe.

In Dujariers Abschiedsbrief stand: „Meine liebe Lola, / ich werde jetzt mit Pistolen kämpfen. Deshalb wollte ich auch diese Nacht allein sein und deshalb bin ich heute morgen nicht zu Dir gekommen. Ich brauche meine ganze Ruhe und muß die Gefühlsbewegungen vermeiden, die mir Dein Anblick heute morgen verursacht hätte. Um zehn Uhr wird alles vorbei sein, und ich werde zu Dir eilen, um Dich zu umarmen, es sei denn (…) / Tausend zärtliche Liebkosungen, meine liebe Lola, meine gute kleine Frau, die ich liebe, und die in meinen Gedanken sein wird. / D / Dienstagmorgen."[74]

Von Dujarier erbte Lola 17 Anteile am Théâtre du Palais Royal, deren Verkaufserlös ihr jedoch auf Betreiben der Familienanwälte vorenthalten wurde. Die Beisetzung ihres Verlobten fand am 13. März 1845 auf dem Friedhof von Montmartre statt. Honoré de Balzac und Alexandre Dumas gaben dem Freund das letzte Geleit; ob Lola dabei war, ist unbekannt.

Ein Jahr später begann in Rouen der Prozess gegen den Duellschützen Beauvallon, der des Mordes angeklagt war. Zahlreiche Zeugen wurden geladen: Nach Alexandre Dumas trat am 26. März 1846 Lola, schwarzgewandet und verschleiert, vor die Schranken des Gerichts. Die Pariser Zeitungen berichteten ausführlich über die Verhandlung. Unter Tränen sagte Lola aus: „Ich weiß gar nichts darüber (...) Ich werde immer das Gleiche wiederholen (...) Ich war es, die seinen leblosen Körper entgegengenommen hat (...) Ich öffnete die Tür des Wagens (...) Ich hatte schon zwei Monate lang eine Vorahnung gehabt, daß es zu einem Duell kommen würde, seit er angefangen hatte, mit Leuten zu verkehren, die nicht zu ihm paßten."[75]

Lola bemerkte noch, dass sie das Duell verhindert hätte, wenn sie davon gewusst hätte. Sie wäre sogar selbst hingegangen und hätte geschossen, denn sie sei eine sehr gute Schützin, wohingegen Dujarier nicht mit Waffen habe umgehen können. Trotz eindeutiger Aussagen wurde der beschuldigte Beauvallon freigesprochen; die Geschworenen sahen in dem Duell einen bloßen Ehrenhandel.

Lola hatte – gänzlich unverschuldet – ihren Geliebten, ihren Förderer und zukünftigen Ehemann verloren. Die Rolle einer ehrbaren Verlobten und „Tanzkünstlerin" (wie sie sich selbst bezeichnete) war damit in Paris zu Ende. Sie musste sich nach anderen Möglichkeiten umsehen.

Wieder ging sie auf Reisen: Im August und September fuhr sie – zumeist in Begleitung von Mr. Francis Leigh und Mr. Robert Peel, Sohn des bekannten englischen Politikers – über Ostende und das belgische Spa nach Bad Homburg, Heidelberg, Stuttgart und Baden-Baden. Auf ihrem Weg nach Wien kam Lola Montez schließlich in der bayerischen Residenzstadt München an.

„voll unerreichter Schönheit"

Die Hauptrolle

GRÄFIN VON LANDSFELD – DIE FAVORITIN

Spielzeit 1846 bis 1848

Ankunft in München

In ihren Memoiren führte Lola Montez aus: „So verließ ich Paris, um zum zweiten Male Deutschland zu betreten, welches in Bezug auf seine Loyalität den besten Ruf von der Welt hat. / In Baden machte ich sehr traurige Erfahrungen (...) und endlich nach vielen und manchen angenehmen Erlebnissen kam ich gegen Ende September 1846 in München an."

Die „traurigen Erfahrungen" in Baden-Baden schilderte die *Mannheimer Abendzeitung*: „Münchner Correspondenten nehmen häufig eine ziemlich berüchtigte Weibsperson, die spanische Tänzerin Lolla Montez, zum Gegenstande ihrer Berichte, und rühmen ihre feine Bildung. Die Herrn sprechen nur von Hören Sagen, man könnte sonst geneigt seyn, kuriose Begriffe von der Münchner feinen Bildung sich zu machen. Hier in Baden wurde sie nach ihrem zweymaligen Erscheinen polizeylich ausgewiesen. / Ihre Bildung mag man darnach messen, daß sie einmal während einer Reunion vor 2 Jahren im Sommer einem der sie umkreisenden Herrn das eine Bein auf die Schulter schlug, um eine tour de force zu machen, und einandermal im großen Saale für neben ihr sitzende Herrn ihr eines Bein bis über den Schenkel entblößte. Ich denke das genügte."[76]

Bei diesem für die damalige Zeit skandalösem Benehmen in einem Kurort der höchsten Gesellschaft darf jedoch nicht übersehen werden, dass Lola aus Paris den Cancan kannte und in ihrem Strumpfband immer ein Messer zu ihrer Verteidigung trug. Höchstwahrscheinlich wollte sie beides den anwesenden Herren demonstrieren.

Bei Lolas Ankunft am 5. Oktober in München hielt die Polizei in der Meldekartei einige Tage später fest: „Lola Montes; Künstlerin / Tänzerin / von Sevilla in Spanien 24 J(ahre), kath(olisch); ohne Paß; Ankunft: 12. Oktb. 46." Fälschlicherweise gab Lola an, aus Wien (und nicht aus Baden) zu kommen und hier in München Gastvorstellungen geben zu wollen.[77]

Zunächst logierte die Tänzerin im nobelsten Münchner Hotel, dem „Bayerischen Hof". Bereits nach einer Woche verlegte sie aber ihr Quartier in den bekannten Gasthof „Goldener Hirsch" (Theatinerstraße 18). Ab Mitte März 1847 wohnte Lola dann im zweiten Stockwerk der Theresienstraße 8 zur Miete, bis sie ab dem 28. April 1847 in ihr eigenes Palais an der Barer Straße umziehen konnte, welches ihr König Ludwig I. von Bayern geschenkt hatte.

Audienz und Auftritt

Ludwig lernte Lola in einer Audienz am 8. Oktober 1846 kennen. Er hatte verfügt: „Mit Lola Montez heute noch zu reden, ihr Begehren zu vernehmen."[78] Die Tänzerin ließ sich beim König als „Señora Maria de los Dolores Porris y Montez" melden, also als spanische Adelige. Ludwig I. empfing sie, wie übrigens andere Künstlerinnen und Künstler auch. Von dieser ersten Zusammenkunft ist nichts überliefert. Nur ein Gerücht machte die Runde: Lola soll vor dem staunenden König ihren Busen entblößt haben, um die Echtheit ihrer üppigen Büste zu beweisen. Ein augenfälliges Ergebnis zeitigte diese Audienz dennoch: Die spanische Tänzerin gefiel Ludwig sehr! Ihre außergewöhnliche Schönheit und die temperamentvolle Konversation entzückten ihn. Daher wünschte er, die „geistreiche

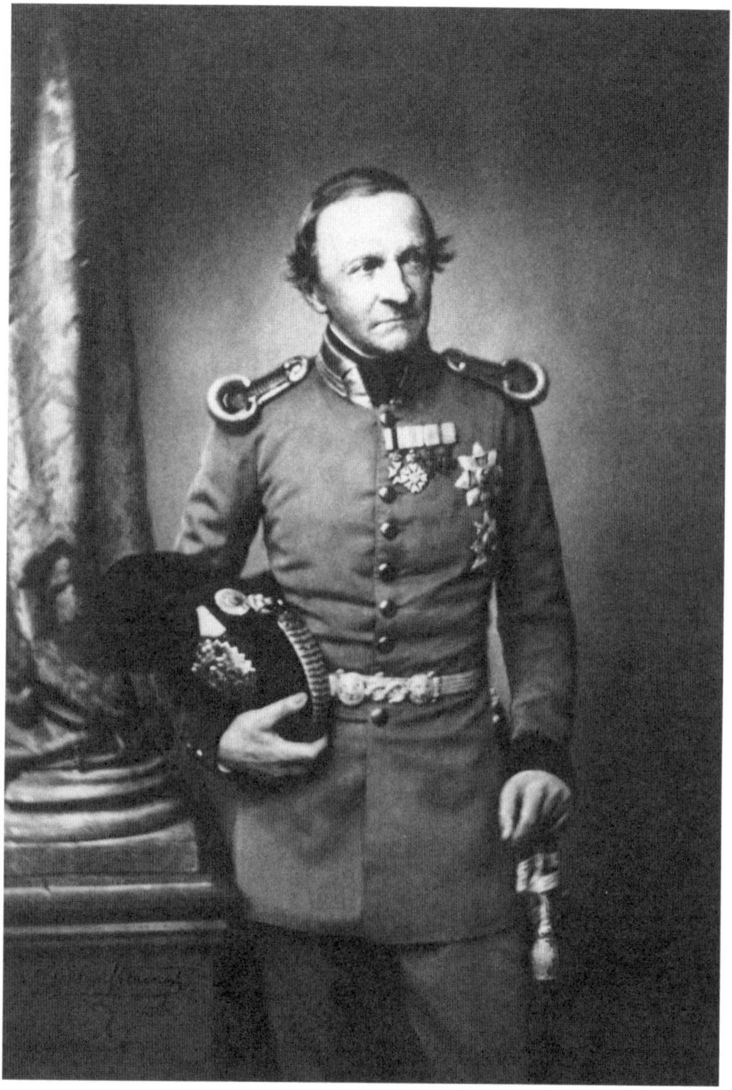

Die Favoritin: Der alternde König Ludwig I. von Bayern machte Lola Montez Ende 1846 zu seiner Geliebten. – Fotografie von Franz Hanfstaengl, 1845.

Bajadere"[79] unbedingt auf der Bühne zu sehen. Er schrieb an den zögerlichen Theaterintendanten August Freiherr von Frays: „Genehmige, daß Lola Montez nächsten Samstag im Zwischenakt tanzt gegen Hälfte der Netto-Einnahme. Das weitere will ich dann beschließen. Noch heute ist ihr die Antwort zu eröffnen mit der Bemerkung, daß ich mich darauf freue, sie tanzen zu sehen."[80]

Über Lolas Debüt in München berichtete Luise von Kobell, eine Zeitzeugin, in ihren Erinnerungen: „Ich ging also Samstag den 10. Oktober ins Hoftheater; weil ich viel zu frühe in die Loge kam, las ich erwartungsvoll den Zettel: ‚Der verwunschene Prinz. Schwank in 3 Akten von J. v. Plötz. In den beiden Zwischenakten tanzt Demoiselle Lola Montez aus Madrid spanische Nationaltänze.' Dann sah ich voll Ungeduld den Vorhang an, lauschte dem ersten Akte des Lustspieles, nun fiel wieder der Vorhang. Jetzt erhob er sich, da erschien meine Fee von gestern, Lola Montez. / Im Parterre klatschte und zischte man; das Letztere ‚wegen der verschiedenen Gerüchte', erklärte meine Nachbarin, ‚denn Lola Montez soll eine Missionärin der englischen Freimaurer sein, eine Feindin der Jesuiten – eine Coquette, die schon Liebesabenteuer in allen Weltteilen erlebt hat, nach den Berichten der Zeitungen.' / Lola Montez stellte sich inmitten der Bühne, nicht in Trikots mit dem üblich kurzen Balletröcklein, sondern in spanischer Tracht, mit Seide und Spitzen angethan, da und dort schimmerte ein Diamant. Sie blitzte mit ihren wunderbaren blauen Augen, und verbeugte sich wie eine Grazie vor dem Könige, der in seiner Loge saß. Dann tanzte sie Nationaltänze, wobei sie sich in den Hüften wiegte und bald diese bald jene Haltung einnahm, voll unerreichter Schönheit. / So lange sie tanzte, fesselte sie alle Zuschauer; die Blicke hafteten an ihren geschmeidigen Körperwendungen, an ihrer Mimik, die oft von der glühendsten Leidenschaft in die anmutigste Schalkhaftigkeit überging. Erst als sie aufhörte, sich rhythmisch zu bewegen, war der Bann gebrochen, und ‚der Spektakel ging wieder los', wie mein Onkel trocken bemerkte. Aber ich ging ganz verzückt nach Hause."[81]

Lola trat noch ein zweites Mal in München auf. Luise von Kobell hielt wieder fest: „Am 14. Oktober 1846 trat Lola Montez zum zweiten und letzten Mal im k. Hoftheater auf. Sie tanzte nach dem Lustspiele: ‚Der Weiberfeind von Benedix' die Cachucha und im Zwischenakte des Schwankes ‚Müller und Miller' den Fandango mit Herrn Opfermann. Um etwaige Zeichen des Mißfallens zu übertäuben, soll eine Claque von Gendarmen in Zivil, sowie das technische Theaterpersonal im Parterre gewesen sein. Allein die Maßregel war umsonst, da Lola Montez allgemeines Gefallen erregte."[82]

Die jugendliche Luise von Kobell erlebte Lolas Aufführungen offenbar gänzlich anders als der königlich-bayerische Hofsolotänzer Michael Laroche. Er vertraute seinem Tagebuch an: „Lolla Montez, eine spanische Tänzerin, so schlecht wie es keine zweite mehr giebt, aber durch ihr Privatleben berüchtigt gnug, betratt unsere Bühne zweimal und wurde ausgezischt u. gerufen, sie trat von der Bühne ab, um im Privatleben eine Rolle zu spielen von der ganz Bayern sowie das Ausland spricht."[83] Der Solotänzer scheint nicht frei von Rivalität gewesen zu sein, und als Tänzer der traditionellen Schule konnte er Lolas pantomimischem Ausdruckstanz offenbar nichts abgewinnen.

In der Schönheitsgalerie

„Bald nach ihrem Auftreten verbreitete sich das Gerücht, daß der König sie für den Saal der Schönheiten malen ließe", überlieferte der Architekt Leo von Klenze nicht gänzlich neidlos über die Favoritenrolle der Tänzerin, „und es ward mir dieses von dem Hofmaler Stieler bestätiget, bei welchem ich ihr angefangenes Portrait sah und die Einzelheiten über das Liebesverhältniß erfuhr, welches der König mit ihr begonnen hatte. Stieler war noch in Tegernsee als er durch eine Stafette nach Mitternacht geweckt ward, welche ihm den königlichen Befehl brachte, augenblicklich abzureisen und sich in München einzufinden, wo der König seiner bedürfe, um ein Portrait zu machen. Angelangt sagte ihm der König, daß es die Mlle Lola sei, von welcher es sich handle und daß er die Arbeit augenblicklich zu beginnen habe. Diese geschah, und Stieler sah sich bald bei den Sitzungen, welchen der König stets anwohnte, daß diese Hetäre einen tiefen Eindruck auf das 60 jährige Herz des Monarchen gemacht hatte. Der verliebte Enthusiasmus steigerte sich bei den Sitzungen schnell und bis zu den unglaublichsten Ausbrüchen eines Liebes-Enthusiasmus, von welchem selbst Stieler, der doch fast alle seine frühern Liebesgeschichten gekannt und in der Nähe gesehen hatte, behauptete, noch kein Beispiel von etwas ähnlichem zu kennen. Es konnte der Ausbruch dieses Enthusiasmus nur des Liebesstammelers Raserei genannt werden. Er versicherte hundert Mal, jetzt erst wiße er was Liebe sei; seine Lola habe ihn als Mensch und als Dichter verjüngt, seine Liebesgedichte überträfen Alles, was er früher hervorgebracht!!!"[84]

Joseph Stieler lebte seit 1820 in München und bewohnte in der Barer Straße eine Villa, in deren Anbau sein Atelier untergebracht war. Direkt neben Stielers Haus befand sich das Palais der Lola Montez.

Als Hofmaler schuf Stieler insgesamt 36 Porträts schöner Frauen, die König Ludwig I. in der Residenz ausstellte, wozu auch die Öffentlichkeit täglich Zugang fand. Für diese Schönheiten- bzw. Schönheitsgalerie wurde nun auch ein Porträt der Lola Montez angefertigt. Böse Zungen behaupteten, die porträtierten Schönheiten seien der Harem des Königs. Dazu dichtete Heinrich Heine boshaft: „Er liebt die Kunst, und die schönsten Frau'n / Die läßt er portraitiren; / Er geht in diesem gemalten Serail / Als Kunst-Eunuch spatzieren."[85]

Lolas Porträt für die Schönheitsgalerie war im Sommer 1847 fertig und wurde von aller Welt bestaunt, wie Josephine Kaulbach an ihren Mann, einen bekannten Maler, spottend schrieb: „Stieler hat in diesen Tagen die Lola ausgestellt, und alle Welt läuft hin, um dies achte Wunder der Natur zu sehen. Natürlich gehöre ich auch zu dieser Welt."[86] Lola Montez ist auf dem Gemälde in einem roten Sessel sitzend dargestellt, gekleidet in ein dunkles Samtkleid mit weißem Spitzenkragen, Silberbrosche und Gürtel. Ein schwarzer Spitzenschleier samt rotem

Blumenschmuck weist sie als Spanierin und die Blässe ihrer Haut als vornehme Dame aus. König Ludwig soll jedoch von dem Porträt nicht begeistert gewesen sein, da es den „unwiderstehlichen Charme" seiner Geliebten nicht annähernd wiedergebe. Vorwurfsvoll sagte er zum Porträtisten: „Stieler, Euer Pinsel wird alt."[87]

Das später entstandene Kaulbach-Gemälde, das Lola Montez als adelige Dame in einem historisierenden Gewand stehend zeigt, goutierte der verliebte König noch weniger, so dass er den Ankauf verweigerte.

Des Königs Favoritin

Der bayerische König war von der spanischen Tänzerin verzaubert. Ludwig I., der sich selbst als kunstsinnigen Bauherrn und Dichterfürsten sah, glaubte in Lola eine gleichgestimmte Seele gefunden zu haben. Der 60-Jährige schwärmte nicht nur für alles Griechische und Italienische, sondern wandte sich seit einiger Zeit auch dem Spanischen zu. Da kam die vermeintlich spanische Tänzerin Lola Montez gerade zur rechten Zeit. Mit ihr konnte er auf Spanisch parlieren und sich ganz als stolzer Don fühlen.

In jener Zeit hatte die romantische Spanienmode auch München erreicht, welche sich in der Literatur, Musik, Malerei und Mode niederschlug. Mit ihrem schwarzglänzenden Haar und dem temperamentvollen Auftreten glich Lola der spanischen Carmen in der gleichnamigen Novelle des Prosper Mérimée, die 1845 in Paris erschienen war. Lola zeigte sich – wie Carmen – wehrhaft und stolz; sie konnte mit der Reitpeitsche sowie mit Messer und Pistole behänd umgehen. Zudem gab sie sich als Cousine des damals berühmten Toreros Francisco Montes aus, von dem sie offenbar ihren Künstlernamen entlehnt hatte.

Ob König Ludwig I. von Bayern von Lolas edler spanischer Herkunft überzeugt war, bleibt ein Geheimnis. Jedenfalls gefiel ihm das Bild, das er sich davon machte, wenn er ihr schrieb:

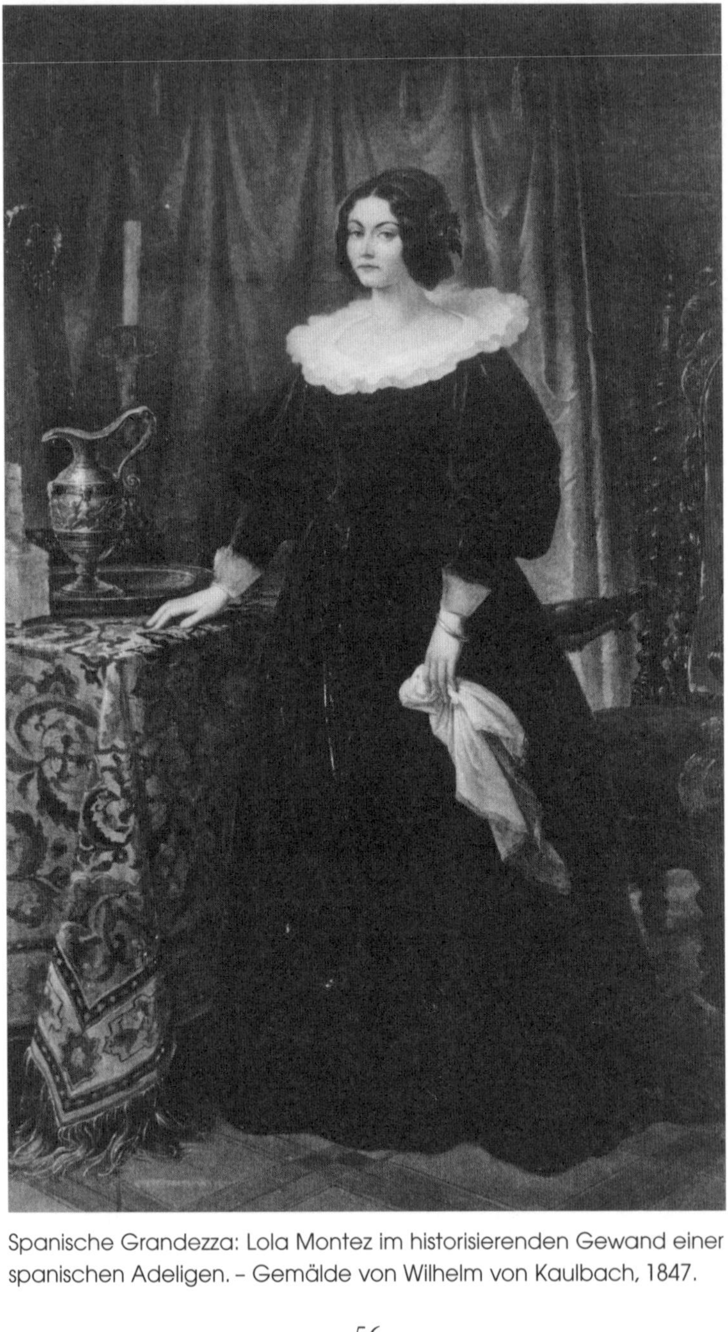

Spanische Grandezza: Lola Montez im historisierenden Gewand einer spanischen Adeligen. – Gemälde von Wilhelm von Kaulbach, 1847.

„Deine Ahnen, Lolitta, müssen sicherlich maurisch gewesen sein, die Eroberer von Spanien. Deine Schönheit, Deine große, unvergleichliche Schönheit Deiner Augen, Nase und Gesichtszüge drückt es aus."[88]

Ein aufgeklärter Zeitgenosse stellt sie uns folgendermaßen vor: „Lola Montez bleibt bei dem Allem eine ausgezeichnete Persönlichkeit. Leib und Seele hat ihr die Natur herrlich ausgestattet. Man denke sich eine schlanke und zartgliedrige Figur, mit reizenden, interessanten Gesichtszügen, tiefblauen Augen und blendend schwarzen Haaren, zartrothem Teint, mit edler gebietender Stirn, Augenbrauen, welche Muth und Entschlossenheit verrathen, mit sprechendem, liebfreundlichem Munde, in welchem Zähne stehen, wie Perlenreih' an Faden hängt. Die zierlichste Hand, der niedlichste Fuß setzt dieses holde Frauenwesen in Bewegung."[89]

Dieser Fuß entzückte Ludwig immer wieder. Er war Gegenstand seiner erotischen Phantasien: „Heute Nacht habe ich davon geträumt, daß ich Deine Zehen in meinen Mund nehme. Ich träume meine Wünsche."[90] Eine Nachbildung des Fußes, gestaltet von Johannes Leeb, hatte der König auf seinem privaten Schreibtisch stehen. Dankend schrieb er Lola: „Du hast mir eine große Freude bereitet mit der wunderschönen Überraschung, mir Deinen Fuß in Marmor zu schicken – Dein Fuß ist unvergleichlich – er scheint ein antikes Ideal zu sein – als Leeb gegangen war, bedeckte ich ihn mit glühenden Küssen."[91]

Allein Lolas Auftreten in der Münchner Öffentlichkeit fand nicht nur Bewunderer, sondern traf viel mehr noch auf Ablehnung. Ein anonymer Zeitgenosse drückte dies so aus: „Jedenfalls besitzt sie eine Mengung spanischer Leidenschaft und britischer Anmaßung nebst französischem Leichtsinn."[92]

König Ludwig ließ sich dagegen von seiner Leidenschaft für Lola fortreißen. Im August 1846 hatte er seinen 60. Geburtstag gefeiert. In seiner Jugend durchaus attraktiv und von mittlerer Körpergröße, ging er nunmehr vornübergebeugt und hatte eine Geschwulst auf der Stirn. Schwerhörig von Geburt, sprach er sehr laut und stockend. Ludwig war geizig, vertrug keinen Widerspruch, regierte autokratisch und war ein pedantischer

Frühaufsteher. Dennoch fühlte er sich als eine poetische Seele, als Dichter und Kunstfreund. Der englische Journalist Francis, der einige Zeit in München weilte, Lola Montez und den König kennenlernte, beschrieb Ludwig als „eine lange, wohlproportionierte Gestalt, welche offenbar an Allem, was um sie vorgeht wenig Antheil nimmt (...) mit einer scharf gezeichneten Gesichtsbildung, die noch die Spuren früherer Schönheit an sich trägt, und deren geradeausblickendes, aber kräftiges Auge die angestrengteste geistige Thätigkeit und gänzliche Hingabe an die innere Welt des Gedankens verräth."[93]

Entflammt für die junge Tänzerin, teilte der König seinem Freund Heinrich Freiherr von der Tann mit: „Ich kann mich mit dem Vesuv vergleichen, der für erloschen galt, bis er plötzlich ausbrach. Ich glaubte, ich könne nicht mehr der Liebe Leidenschaft fühlen, hielt mein Herz für ausgebrannt. Aber nicht ein Mann von 40 Jahren, wie ein Jüngling von zwanzig, ja comme un amoureaux des quinze (= verliebter 15-Jähriger) faßte mich Leidenschaft wie nie zuvor. Eßlust und Schlaf verlor ich zum Teil, fiebrig heiß wallte mein Blut."[94]

Trotz der Liebesglut notierte König Ludwig I. penibel alle Ausgaben für seine Geliebte. Er teilte sie in zwei Spalten ein: „für sie" und „wegen ihr". Vom Oktober 1846 bis September 1848, also innerhalb von zwei Jahren, gab Ludwig für Lola 158 084,16 ¼ fl (Gulden) aus sowie 7138,39 fl für die Bezahlung von Bediensteten und anderer Zuwendungen.[95] Zum Vergleich: Ein bayerischer Minister erhielt damals 6000 Gulden Grundgehalt im Jahr, Universitätsprofessoren verfügten über etwa 2000 und eine Tänzerin am Hoftheater bekam ungefähr 200 Gulden jährlich.[96] Zusätzlich erwarb Ludwig für Lola Montez ein Anwesen in München unweit der Residenz und ließ es zu einem zweigeschossigen Palais umbauen.

Offiziell kaufte das Gebäude an der Barer Straße 7 am 1. Dezember 1846 „Maria de los Dolores Miontes, genannt Lola Montes" um 16 000 fl vom Steinbruchbesitzer Friedrich Adam Schwarz aus Solnhofen.[97] Das heißt, Lola Montez war von Anfang an als Eigentümerin des „Anwesen(s) samt Hofraum, Hintergebäuden und Garten" eingetragen, wie die Kaufurkunde vom 1. Dezember 1846 ausweist, in welcher das Königliche Kreis- und Stadtgericht München die Kaufsache beurkundete und besiegelte. Der Eintrag ins Grundbuchverzeichnis erfolgte dann am 6. Dezember 1846.[98]

Kauf, Umbau und Ausstattung verschlangen an die 40 000 Gulden. Der König hatte General Karl Wilhelm von Heideck beauftragt, die Baukasse zu führen. Nachdem aber Lola alle Rechnungen – auch über ihre persönlichen Ausgaben – an ihn schicken ließ, bat der General, von dieser undankbaren Aufgabe entbunden zu werden.

Das elegante Palais der Lola Montez besaß im Erdgeschoss und im ersten Stockwerk jeweils fünf große Fenster zur Straßenfront hin und einen Mittelbalkon. Das Prunkstück der Innenausstattung war eine gläserne Treppe, die sich zum oberen Geschoss hinaufschwang. Ein englischer Besucher namens Francis schilderte Lolas Haus als ein Schmuckstück an „Einfachheit und Klarheit", mit „langen, baumwollenen, hellgefärbten Vorhängen" an den hohen Fenstern, die einen gedämpften Lichtschein erzeugten; innen zeigte sich keine Pracht, sondern französische Eleganz, gepaart mit Münchner Kunst und englischem Komfort.[99] Das Palais der Lola Montez steht heute nicht mehr; es wurde 1912 abgerissen.

Zudem erwähnte der englische Besucher die Belesenheit der Hausherrin bewundernd: „Bücher aus der K. Bibliothek, nicht frivoler Art, liegen auf dem Tisch, und zeigen welches die Beschäftigung dieser modernen Amazone ist."[100] Ganz anders erinnerte sich Johann Andreas Schmeller in seinem Tagebuch an einen Bibliotheksbesuch der königlichen Favoritin: „Nach 1 Uhr öffnet Schupp (= Hausmeister) diensteifrig die beiden Thüren meines Zimmers, hastig eilen zwei Damen durch, Lichtenthaler ihnen nach und wieder hinaus in die Richtung des Cimeliensaales. Es ist die Lola, sagt Schupp, der zurückkommt, in Eile das Fremdenbuch zu holen. Nach einer Weile kommen die Damen und hinterher der Director abermals durch mein Zimmer. Lola, immer Wichtiges hastig parlirend, reißt ein bei mir stehendes auffallend gebundenes Buch (Wright's Poems of Walther Maps) auf – und sofort, ohne nur

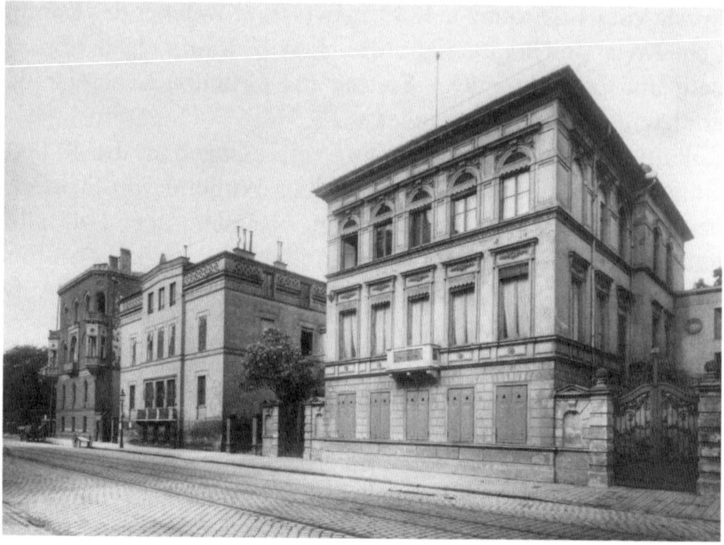

Münchner Palais: Das Haus der Lola Montez in der Barer Straße (rechts) hatte ursprünglich nur ein Stockwerk samt Mittelbalkon. Es wurde erst später aufgestockt und 1912 abgerissen. – Fotografie von Rehse & Co., um 1910.

mich anzusehen weiter nach Lichtenthalers Zimmer. Endlich abermals zurück in den Saal der französischen Belleslettres. Vous voudres des Romans sagte Lichtenthaler. Ich hörte nicht mehr, was sie mit gellender Stimme erwiederte. Sie muß von da nach dem Flügel geführt worden seyn, wo unter Anderm Krenners Erotica unter Lichtenthaler's besonderm Verschlusse stehen. Wo sollte sie sich sonst so lange aufgehalten haben, da ich sie erst um 2 Uhr, als ich selbst gieng, mit ihrer Begleiterin die Bibliothek verlassen sah?"[101]

Tagesablauf und Charakteristik der königlichen Favoritin überlieferte der englische Journalist Francis ebenfalls: „Sie ißt wenig, und ganz einfach, nach englischer Weise gekocht, trinkt wenig, legt sich zu guter Stunde nieder und steht frühzeitig auf, und arbeitet viel. Der Morgen vor und nach dem Frühstücke ist für die gewöhnlichen Hausangelegenheiten bestimmt. Die unzähligen Briefe, welche sie empfängt und die Geschäfte welche sie zu ordnen hat, nehmen ihr und auch ihrem regelmäßig beschäftigten Sekretär mehrere Stunden weg. Nach dem Frühstück hält sie ein Lever für Personen aller Stände, Minister in Esse und in Posse, Professoren, Künstler, Engländer und Männer aus allen Gegenden der Welt. Wie Frauen von lebhaftem Geiste überhaupt, ist sie eine sehr gute Erzählerin; aber obwohl Egoistin, und mit dem vollen Antheil der Eitelkeit ihres Geschlechtes, versteht sie die Kunst einer nie ermüdenden Unterhaltung. Inzwischen, fähig heftiger, obwohl bald verrauchender Leidenschaft, heißer, wenn auch nicht rachesüchtiger Aufwallung, und gelegentlich fähig mancher Trivialitäten und Schwachheiten, die man so oft bei Personen, die zu hoher Stellung gelangt sind, findet, kann sie sein, und ist in der That eine liebenswürdige Person, und eine erheiternde Gesellschafterin. Ihre Manieren sind edel, sie spielt die Wirthin mit aller Grazie und Gastfreundlichkeit, und versteht sich vollkommen geschmackvoll zu kleiden. Die schöne Herrin ist eine leidenschaftliche Liebhaberin von Huldigungen. Sie ist unnachsichtig in ihren Manntödtenden Neigungen und die Herren, welche ihre Levers oder Soireen besuchen, und sich zufällig zu sehr in politische oder Kunstgegenstände verlieren, statt sich in ihre persönlichen Reize zu verlieben, werden ihr gerne die Achtung vor ihrer geistigen Anziehungskraft und ihrer hinreißenden Unterhaltungsgabe zollen."[102]

Der englische Beobachter meinte allerdings auch, dass Lola zu „capriziös" sei, sich nicht zügeln könne und „die Macht um ihrer selbst willen" liebe.[103]

In ihrem Palais empfing Lola Montez Bittsteller ebenso wie Gäste zu Tee- und Abendgesellschaften. Vor allem die Studenten der 1847 neu gegründeten Studentenverbindung „Alemannia" gingen bei ihr ein und aus.

Wegen eines Streites waren acht Studenten aus der bestehenden Verbindung „Palatia" ausgeschlossen worden, wie Candidatus juris Elias Peißner dem König berichtete. Diese wünschten nun mit zehn weiteren Studenten eine neue Verbindung namens „Germania" zu gründen.[104] Schließlich entstand aber die neue Studentenverbindung unter dem Namen „Alemannia", „da die Namen der Provinzen Bayerns theils schon erschöpft sind, theils eine allgemeine Benennung unseren Prinzipien wohl am ehesten entsprechen möchte."[105] Es gab nämlich bereits für die studierenden Bayern, Schwaben, Franken und Pfälzer jeweils eine Studentenverbindung an der Universität München sowie eine namens „Isaria".

Die neue „Alemannia" stand unter dem Schutz der Lola Montez, und die Studenten verstanden sich wiederum als ihre Garde. Angeblich, so will es der Volksmund, waren ihre roten Mützen aus den Unterröcken der Tänzerin geschneidert. Die Studenten wurden denn auch bald diffamierend „Lolamannen" genannt.

Vor allem Elias (genannt Fritz) Peißner wurde verdächtigt, Lolas Liebhaber zu sein. Er stammte aus dem oberpfälzischen Vilseck. Sein Vater war dort Türmer und wurde durch Lolas Protektion Bote im Innenministerium.

Am 15. Januar 1848 feierte die „Alemannia" den Eröffnungskommers. Der neue bayerische Innenminister von Berks, dessen Sohn Mitglied der Verbindung war, trat dabei als Festredner auf. Zwischen den alten Studentencorps und der neuen „Alemannia" war es häufig zu Auseinandersetzungen in der Öffentlichkeit und Anfeindungen in der Universität gekommen, die erst mit dem Verbot der „Alemannia" und der Ausweisung ihrer Mitglieder am 10. Februar 1848 beendet werden konnten.

Auch Peißner musste als Senior der „Alemannia" 1848 Bayern verlassen, blieb aber noch einige Zeit mit Lola Montez in Kontakt. Später wanderte er in die USA aus, wurde dort Professor für Sprachen am Union College in Schenectady (New York) und fiel am 2. Mai 1863 als Colonel des deutschen Regiments im Amerikanischen Bürgerkrieg. Sein College stiftete ihm zu Ehren 1863 eine Büste mit der Inschrift: „Fähiger Gelehrter, Geliebter Freund, Heldenhafter Soldat."[106]

Schmähungen

Lolas provokantes Auftreten in der Öffentlichkeit wurde von der Presse genüsslich verbreitet. Vor allem ihre Beziehungen zu Leutnant Nußbaumer und Elias Peißner kamen ins Gerede.

Vaterunser der Lola Montez selber.

Vater unser, an den ich mein Leben lang nicht geglaubt habe, der du bist in einem gewissen Himmel oder wie er heißt, der Ort, mir ist Alles recht. Meinetwegen werde sogar geheiligt dein Name, mir ist ja Jeder gut und recht, wenn er nur zu mir hält! Zukomme mir dein Reich, wenn darunter verstanden sind meine geschliffenen Diamanten, meine Geldsäcke und meine ungeschliffenen Alemannen. Gern laß ich all das Geld und Gut, was ich noch nicht hab', ich werd schon schauen, wie ich die Andern draußen aussäckle, denn an List, Betrug und Unverschämtheit fehlt's mir nicht und ich will gern Alles anwenden, mich darin noch zu vervollkommnen! Dein Wille geschehe, wenn du meine Feinde vernichten willst, wenn du ihnen statt der Freiheit den blauen Teufel hinaufsetzest, wenn du sie gütigst durcheinander zwiebeln willst, da ich's nicht mehr thun kann, ich thu aber gewiß mein Möglichstes, sei versichert, glaub mir's, an mir solls nicht fehlen. Und todtschießen können sie mich vorläufig nicht, weil ich, wie du weißt, verdammt kugelfest bin und eine kuriose Ladung ertragen kann, denn ich bin mit dem Teufel im Bund, das kann dir nicht unbekannt sein! Wenn du Halbpart machen willst, ein besseres Geschäft giebts nicht! Gieb mir heute einen braunen und morgen einen blonden, übermorgen einen schwarzen Alemanen oder meinetwegen einen Haiducken, mir ist jeder recht, heißt er wie er will, wenn er nur ein Mann ist! Gieb mir Champagner und Trüffelpasteten, Fasan und was es Guts und Theures giebt, ich hab einen verflucht guten Magen und kann viel Speis und Trank vertragen, Weihrauch will ich dir dafür streuen, so viel du magst, ich blas dir den ganzen Himmel voll spanischer Cigarren! Gieb aber meinen Feinden Hunger und Noth oder hartes Brod, was brauchen sie mehr, schlag drein mit Donner und Blitz, wenn ich jetzt nimmer selber drein hauen kann mit Fäusten, denn umsonst laß ich mich nicht hetzen, wie ein wildes Thier! Vergieb mir alle meine Schulden, in dem Maaß, wie ich nicht vergieb meinen Schuldnern, wer meine andern Schulden bezahlt, das geht mich nicht an, ich wollt' ich wär noch zweimal so viel schuldig! Weh thuts mir, daß ichs noch nicht dahin gebracht habe, dieß Volk zu verdummen, indem ich dergleichen that, als wollt ich Licht und Freiheit bringen! Vergieb mir, daß ich nicht die Treue des bayerischen Volkes in den Grundvesten erschüttert habe, für mein Leben gern hätt' ichs gethan, denn nichts ist mir zuwiderer, als daß ich etwa in der Ferne sehen muß, daß sie ihren König wieder aus vollem Herzen lieben, wie vorher! Verzeih mir sag' ich, hätt' ichs können, hätt' ichs früher gethan! Führe mich nicht in Versuchung, wieder in das Land herein zu kommen, denn wenn ich auch kugelfest bin, sie könnten mich packen, in einen Käfig setzen und für 6 kr. Entré sehen lassen! Ich hab mich stets gern gezeigt, aber auf diese Manier mag ich nicht! Also mach nun, daß ich jetzt gut davon fahr, denn mir fangt an, verteufelt zu schwindeln, ich bin im Grund meiner Seele unverschämt; aber jetzt fällt mir die Courage doch in die Hose. — Also thu, was du kannst, erlöse die Bayern nur von keinem einzigen Uebel, ich kümmere mich jetzt nur um meine noch nicht genug gegerbte Haut. Amen!

Der Spott: In München war Lola Montez verhasst. In zahlreichen Karikaturen und Spottschriften wurde sie verhöhnt. – „Lola-Montez-Vaterunser", Typendruck, 1848.

Die bessere Gesellschaft mied ein Zusammentreffen mit der königlichen Favoritin und nahm Einladungen nicht wahr, während die einfacheren Leute mit Missvergnügen ihren Aufstieg und die Geldverschwendung sahen. Zahlreiche Gerüchte waren im Umlauf, Schmähungen und Karikaturen schufen ein negatives Bild von Lola. Karl August von Reisach, Erzbischof von München, prangerte öffentlich das Liebesverhältnis mit dem König an und blieb demonstrativ einem Hofball fern. In diesem Zusammenhang soll Ludwig dem Bischof das allseits kolportierte Bonmot ‚Bleib du bei deiner Stola, ich bleib bei meiner Lola' entgegnet haben. Er verdächtigte Reisach denn auch: „Er ist einer, der die hauptsächlichsten Umtriebe macht gegen Lolitta; den Menschen, den König greift er an!"[107]

Um seine Geliebte vor Übergriffen zu schützen, ordnete Ludwig I. am 5. Januar 1847 Personenschutz an. In den polizeilichen Sicherheitsvorkehrungen heißt es, „daß nach einem so eben eingelaufenen Befehle Seiner Majestät des Königs die allerhöchst angeordnete Begleitung der Spanierin Lolla Montez durch einen Gendarmen nicht nur für das Theater, Konzerte u.d.gl. statt finden, sondern daß, auf so lange Allerhöchstdieselben nicht anders verfügen, ununterbrochen ein Gendarme bey derselben zu ihrem Schutze sich befinden soll."[108]

Offenbar war dies auch notwendig, denn der Gendarmerie-Posten meldete am 10. Januar 1847, „daß bey der im Gasthause zum goldenen Hirsch resp. visavis wohnenden Sennora Lola Montez in verfloßener Nacht von 2–3 Uhr an einem Fenster ihres Schlafzimmers 2 Scheiben auf eine unbekannte Weise zerschlagen, so daß in Folge eines dabey hörbar gewordenen Knalls von Lola Montez die Vermuthung geäußert wurde, es dürfte dieser Knall ein Schuß mit Schießbaumwolle geladenem Gewehre gewesen sein; was jedoch insofern der Fall nicht sein möchte, indem an jenem Fenster nur die äußeren Winterfensterscheiben zerschlagen, während die inneren Scheiben des ins Zimmer führenden Fensters gänzlich verschont blieben."[109]

Die geheimen Überwachungsorgane, die die öffentliche Stimmung in München beobachteten und belauschten, meldeten bereits am 22. November 1846 einen Plakatanschlag an der

Ecke der Schönfeldstraße Nr. 25, also unweit der königlichen Residenz, auf dem zu lesen stand: „Je ne suis aucune Mademoiselle, moi je suis la Maitresse du roi. Lola Montez. (Ich bin nicht irgendein gnädiges Fräulein, ich bin die Mätresse des Königs. Lola Montez.)"[110] Eine andere Schmähschrift vom 7. Dezember 1846 schlug vor: „Wenn Landeswappen (mit) ihren Emblemen immer den sittlichen Karakter des jeweiligen Fürsten darzustellen hätten, so müßte der bayerische Löwe bald einem gemeinen Schwein Platz machen."[111]

Ende März 1847 ermittelte man sogar gegen einen „angeblich in Regensburg intendirten Entführungsversuch der Senora Lola Montes", welcher in einem Schreiben eines gewissen Georg Sieber an Regierungsassessor Fischer angekündet wurde. Allerdings konnte der Absender des Briefes nicht aufgefunden werden; die Nachforschungen wurden daher eingestellt.[112]

Zu Beginn des Jahres 1847 wandelte sich der über Lola ausgegossene Spott in offene Ablehnung. Am Knorrkeller fand die Polizei im Januar folgenden Reim: „Montez du große Hur' / Bald schlagen wird dein Uhr / Wo wir di außi hau'n / Weil d'Münchner sich nöt trau'n. // Pfuy Teufl Königshaus / Mit unsrer Treu is aus / Bringst uns in Schand und Spott / Helf' uns der liebe Gott. // Ein Gebirgler."[113]

Naturalisierte Bayerin

Ludwig indes hatte Lola versprochen, sie in den Adelsstand zu erheben und ihr als Voraussetzung dafür die bayerische Einbürgerung zu verschaffen. Dieses Vorhaben stieß jedoch auf erbitterten Widerstand der Behörden und Minister: Am 7. Januar 1847 sandte der bayerische Innenminister eingeholte Stellungnahmen bezüglich des „Ansäßigmachungsgesuchs der Senora Lola Montez zu München" an den König. Der Regierungspräsident von Oberbayern teilte unter Berufung auf das Gesetz vom 1. Juli 1834 seine Ablehnung mit; er begründete diese, da „Frauenspersonen nach dem bisher von der unterfertigten Stelle ausgegebenen Grundsatze (...) nicht ansäßig im Sinne des Gesetzes werden, wenn Sie sich nicht gleichzeitig verehelichen oder wieder verehelichen." Weiter stellte man klar, dass „Geburts- und Taufzeugnisse in jenen Fällen zu fordern sind, in denen über das Alter, über die Staats- oder Gemeinde-Angehörigkeit oder über das Nichtvorhandensein civilrechtlicher Hindernisse (...) Zweifel obwalten, welche Zweifel bei dem Mangel jeden aktenmäßigen Nachweises und jeder Bescheinigung als bestehend erachtet werden müssen." Außerdem kann kein Leumundszeugnis vorgelegt werden, „da der Leumund sich nicht aus einem Zeitraum von einigen Wochen (vom 5. Okt. bis 16. Dez. vorigen Jahres) bemessen läßt."[114]

Verärgert gab Ludwig I. seiner Verwaltung nicht nach. Als autokratischer Monarch verkündete er, dass er per königlichem Dekret unter Umgehung der Ministerien Lola Montez das Indigenat verleihen werde: „Habe das Indigenat betreffende Edict nachgelesen und nichts gefunden was den König nach vernommenen Staatsräthen hindert, dasselbe zu verleihen (...) Minister von Abel ist meine Gewissenhaftigkeit an der Verfassung bekannt, aber wo dem König das Recht zusteht, lasse ich mich in dessen Ausübung nicht beschränken."[115] Und in der Tat: Ludwig erteilte Lola Montez am 10. Februar 1847 per königlichem Entscheid „das bayerische Indigenat".[116] Daraufhin ließ Minister Abel den König am 11. Februar 1847 wissen: „Seit dem Monate Oktober v. J. sind die Augen des ganzen Landes, ja Europas auf München gerichtet, und es haben sich in allen Theilen Bayerns über das, was hier vorgeht, und was fast der ausschließende Gegenstand der Gespräche im Innern der Familien, wie an öffentlichen Orten bildet, Urtheile festgestellt, und es ist aus diesen Urtheilen eine Meinung erwachsen, die zu den bedenklichsten gehört. / Die Ehrfurcht vor dem Monarchen wird mehr und mehr im Innersten der Gemüther ausgetilgt, weil nur noch Äußerungen des bittersten Tadel und der lautesten Mißbilligung vernommen werden. Dabei ist das Nationalgefühl auf das Tiefste verletzt, weil Bayern sich von einer Fremden, deren Ruf in der öffentlichen Meinung gebrandmarkt ist, regiert glaubt, umso mehr, da Thatsachen gegenüber nicht den Glauben zu entwurzeln vermag (...) Eine gleiche

Stimmung besteht von Berchtesgaden bis Passau, von Aschaffenburg bis Zweibrücken, ja sie ist über ganz Europa verbreitet, sie ist ganz die gleiche in der Hütte der Armen, wie im Pallaste der Reichen (...) es ist die Sache des Königthums, die auf dem Spiele steht, daher das Frohlocken derer, die auf den Umsturz der Throne hinarbeiten."[117]

Am 28. Februar 1847 erhielt Lola Montez nichtsdestotrotz offiziell die bayerische Staatsbürgerschaft durch ein königliches Dekret. Damit war die politische Machtprobe zwischen dem König und seinen Ministern bzw. dem Staatsrat nicht beendet, sondern vielmehr eröffnet.

Mätresse contra Minister

Luise von Kobell erinnerte sich: „Im Bayerischen Landtag ging es seit einiger Zeit stürmisch zu (...) Die Streiter der streng katholischen Partei hatten das Feld behauptet (...) Abel, das ehemalige Regentschaftsmitglied in Griechenland, (war) berufen worden. Dessen System war ultramontan. Die Fehde zwischen Katholiken und Protestanten entbrannte nun mit Leidenschaftlichkeit. Die Zensur erregte Ärgernis sowie die neue Studienordnung, welche den Freisinnigeren als Hemmschuh wissenschaftlichen Strebens galt."[118]

Da sich Lola nun auch in die bayerische Politik einmischte, machte sie sich mächtige Feinde. Der Architekt Leo von Klenze meinte sich zu erinnern: „Es zeigte sich nach wenigen Tagen schon, daß sie die auserkohrene allmächtigste Geliebte und Beherrscherin des Königs und des Königreichs war."[119] Ein illegaler Plakatanschlag verkündete den Münchnern bereits am 27. Dezember 1846: „König Ludwig ist wahnsinnig, Spanierin regiert."[120] Und eine Hofdame befürchtete: „Der alte Narr steht ganz unter ihrem Pantoffel und hat gar keinen eigenen Willen mehr."[121]

Eine Mätresse hätte man dem Monarchen ohne weiteres zugestanden, aber eine mitregierende Pompadour musste verhindert werden. Selbst Papst Pius IX. bemerkte in einem

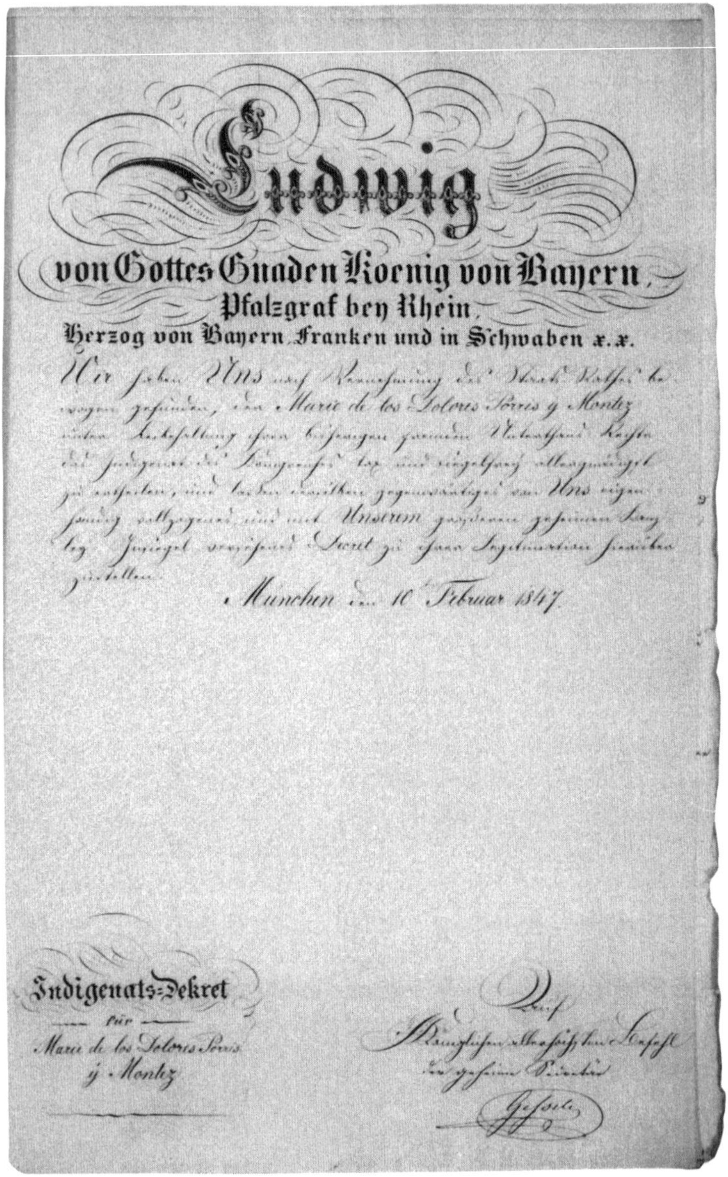

Ludwig

von Gottes Gnaden Koenig von Bayern,
Pfalzgraf bey Rhein,
Herzog von Bayern, Franken und in Schwaben x. x.

Wir haben Uns [illegible] Marie de los Dolores Porris y Montez [illegible] Uns [illegible] Unserm [illegible]

München den 10. Februar 1847.

Indigenats-Dekret
für
Marie de los Dolores Porris
y Montez

Die Bayerin: 1847 wurde Lola Montez per königlichem Dekret durch Ludwig I. die bayerische Staatsbürgerschaft verliehen.

Schreiben an König Ludwig I., dass das altgewohnte Bündnis zwischen Thron und Altar sich langsam zu lösen begann. Die Ultramontanen, das heißt der politische Katholizismus, sahen ihren Einfluss schwinden und zogen alle Register, um den König zur Umkehr zu bewegen. Sogar der Breslauer Fürstbischof Melchior Kardinal Freiherr von Diepenbrock wurde aufgeboten. Er schrieb Ludwig am 29. Januar 1847 und berief sich dabei auf den Theologen und späteren Bischof von Regensburg Johann Michael Sailer, der vormals Ludwigs geschätzter Lehrer war; der Geist Sailers habe ihm befohlen: „Fasse Muth und schreibe im Namen Gottes dem Könige, was ich dir sage: ‚König Ludwig! Es wächst ein Giftbaum neben dir auf, dessen tödliche Düfte dich betäuben, Deine Augen verblenden, deine Sinne berauschen und dein Herz bethören, daß du nicht siehst den Abgrund, an dem du wandelst, den offenen Abgrund, der deine Ehe, deinen Ruhm, das Glück deiner Familie, deines Landes, deines Lebens, und das Heil deiner Seele zu verschlingen droht. Eine Schlange spielt und koset in dem Baum, die dich mit teuflischen Künsten bezaubert und an deinem königlichen Herzblute saugt, das ihre sündhaften Lippen vergiften. Dein ganzes Land seufzt und stöhnt unter dem Luderschatten (?) dieses Giftbaumes, der der Baum der Versuchung ist, und du siehst es nicht! Dein treues Volk hebt seine Hände flehend zum Himmel, auf daß der Höllenzauber sich löse (…) König Ludwig! Erwache aus deinem Taumel und ermanne dich: Wirf ab die Zauberbind! Reisse aus den Giftbaum; zerteile, verbanne die Schlange! Beruhige, tröste, befriedige dein armes Volk; gib dich ihm, gib dich den Deinen wieder (…) laß der edlen Königin dein grosses, reiches Königs-Herz nicht stehlen durch diese elende weltberüchtigte Buhlerin, die, während Hundertausende dahier arme Unterthanen jetzt in Noth und Mangel schmachten, deine Schätze in Uebermuth und Ueppigkeit vergeudet, und den Gesetzen des Landes, den Gesetzen der Ehrbarkeit und Sitte, und der Ehre deines königlichen Hauses oft und ungestraft Hohn spricht (…) bedenke deiner Seele Heil! Bedenke deinen Ruhm in der Geschichte künftiger Jahrhunderte!‘“[122]

Angesichts dieser Anwürfe verwundert es nicht, dass sich Lola Montez von den „Jesuiten" verfolgt fühlte. Unter diesen verstand man damals ganz allgemein die Ultramontanen.

Aber König Ludwig, der in seinen jungen Jahren eher liberal gesinnt war, später jedoch seine Politik vom römischen Katholizismus mitbestimmen ließ, antwortete dem hohen Geistlichen freimütig: „Der Schein trügt. Maitressenschaft mochte ich nie und mag sie nicht, Bekanntschaften hatte ich aber fast immer, welche meine Phantasie angeregt, und gerade sie waren mein bester Schutz gegen Sinnlichkeit. Ich besitze ein poetisches Gemüth was nicht mit dem gewöhnlichen Maaßstabe gemessen werden darf. / Wie der Schein trügt will ich Ihnen sagen, indem ich hiemit mein Ehrenwort geben, daß ich nun im vierten Monate weder meiner Frau noch einer Anderen beigewohnt, und vorher es beinahe fünfe waren in welchen ich mich dessen enthalten. Selbstherrscher innerhalb der Schranken der Verfassung bin ich, das ist bekannt, und das werde ich bleiben. Was Hülfsbedürftige betrifft, so bekommen sie nicht nur alles was die hohen behördlichen Ansätze für sie im Budget meiner Kabinettskasse betragen, sondern mehr noch und ansehnlich mehr. Scheinbar nur ist Scandal, daß in Wirklichkeit keiner, ein täglich ausführbares Mittel dieses der Welt begreiflich zu machen, wünsche ich sehnlich zu kennen. Brechen kann ich nicht, vermöchte nicht mehr mich selbst zu achten, man begehre von mir nicht das Unmögliche."[123]

Eingedenk solcher intimer Geständnisse bewerteten manche Historiker Ludwigs Verhältnis zu Lola als rein platonisch. Aber Ludwigs Briefe an die Geliebte beweisen, dass seine Liebe zu ihr auch körperliche Genüsse beinhaltete.

Die geheimen Überwacher der öffentlichen Stimmung berichteten im Juli 1847 dem König, dass die jesuitische Partei – gemeint war der Klerus und seine Anhänger – gegen Lola Montez hetzten und die Priester in den Bistümern gegen die liberale Strömung predigten.[124]

Nachdem das ultramontane, pro-römische und konservativ-katholische Abel-Ministerium am 16. Februar 1847 zurückgetreten und – wie manche Zeitgenossen meinten – die „zehnjährige ägyptische Finsternis" beendet war, kam es zu einigen Protesten. Ultramontan orientierte Studenten unterstützten die abgetretenen Politiker. Und als der beliebte Professor Ernst von Lasaulx, Mitglied des ultrakatholischen Görres-Kreises, anregte, Ex-Minister Abel offiziell zu danken, wurde er vom wütenden König in den Ruhestand versetzt. Daraufhin formierte sich am 1. März 1847 ein studentischer Demonstrationszug. Ein anonymer Beobachter überlieferte: „Sie ziehen zu seiner (= Prof. Lasaulx) Wohnung, wo sie ihm Lebehochs bringen, er sie zu beruhigen sucht. Drauf geht es in die Theresienstraße, wo der Lola ein Pereat (= Der Ruf „Nieder!") gebracht wird. Bei dieser Gelegenheit droht letztere mit einem Pistole, und gibt dem Lieutenant Nußbaum, der hinter ihr stehend sie am Gebrauch der Waffe hindern will, öffentlich eine Ohrfeige. Von hier ab treten die Studierenden zurück; nur Haufen aus den niederen Volksklassen setzen den Tumult fort, in welchem selbst der Monarch insultirt wird."[125]

König Ludwig kam herbeigeeilt, und schließlich löste die Gendarmerie den Tumult auf. Ein Teil der tobenden Menge zog vor die Residenz, Fensterscheiben zerbarsten unter einem Steinhagel, ein anderer Teil ließ Königin Therese hochleben. Weiter zog man durch die Straßen, zerschmetterte Laternen und Fenster der Bürgerhäuser. Um zehn Uhr abends war der Spuk vorbei.

Dem ultramontanen Ministerium Abel folgte das liberale „Ministerium der Morgenröte", das von vielen begeistert begrüßt wurde: „Nun großer Umschwung in der deutschen Presse. Die kurz zuvor schadenfroh die Ausländerin geschildert hatten, wie sie ist. Die dem ultramontanen Bayern es zur Schmach anzurechnen strebten, daß es eine solche Person aufgenommen habe, sie stellten jetzt die allgemeine Aufregung als bloßes Parteigetriebe dar, und die Veranlassung zu derselben als reine Privatsache (...) Nun Schmähungen gegen die Ultramontanen und gegen die abgetretenen Minister, Anpreisungen aber der neuen Morgenröthe." [126]

Aber auch dieses liberale Ministerium, mit dem Protestanten Freiherr von Maurer und dem Freiherrn von Zu Rhein an der Spitze, konnte sich nur neun Monate halten. Es folgte ein Kabinett, das mit der Bezeichnung „Lola-Ministerium" diffamiert wurde: Als Innenminister fungierte Lolas Vertrauter Franz von Berks, der sie schon auf der Badereise nach Brückenau begleitet hatte.

Sommerreise

König Ludwig verbrachte 1847 einige Sommerwochen in Bad Brückenau. Da Königin Therese nicht anwesend war, lud er Lola ein, ihn dort zu besuchen. Sie reiste mit ihrer Entourage im Juni 1847 über Nürnberg und Bamberg an.

Eine Nürnberger Köchin hielt fest: „Den 22ten Juny 1847 ist hier (= Nürnberg) angekommen die Gräffin Lola Montez, und ist am 23. von hier mit der Eißenbahn nach Bamberg abgereist. Sie hat hier alle unsere Kirchen nebst der Burg besehen und hat sich gegen die Armen mit milden Gaben verewigt. Es hat Ihr hier recht gut gefallen. Die Bamberger haben sich recht unedel gegen Sie betragen."[127]

Auch in Würzburg, auf Lolas Rückreise von Bad Brückenau, ging es am 6. August 1847 hoch her; ein anonymer Zeitgenosse überlieferte den Vorfall: „Mittlerweile ist die Ausländerin nach Brückenau gereist, hat auch dort ihren Uebermuth an den Tag gelegt, und insultirte in Würzburg eine Schildwache der Art, daß es eine strenge Ahndung verdient hätte; statt dessen aber der Commandant Pernwerth abgesetzt wird."[128] Was war geschehen?

Lola wünschte, im Hofgarten begleitet von ihrem Schoßhund Zampa sowie der Familie Gunther, den Herren Mussinan und Berks spazieren zu gehen. Die Hofwache wies sie darauf hin, dass Hunde hier nicht erlaubt seien. Infolgedessen kam es zu einer verbalen Auseinandersetzung, die mit einer Ohrfeige für den Uniformierten endete. Die gaffende Menge nahm nun mit Pfiffen und Unmutsäußerungen Partei für den Wachmann, so dass Lola samt Begleitung schnell den Rückzug antrat. Selbst noch am Abend belagerte die erregte Menge das Haus, in

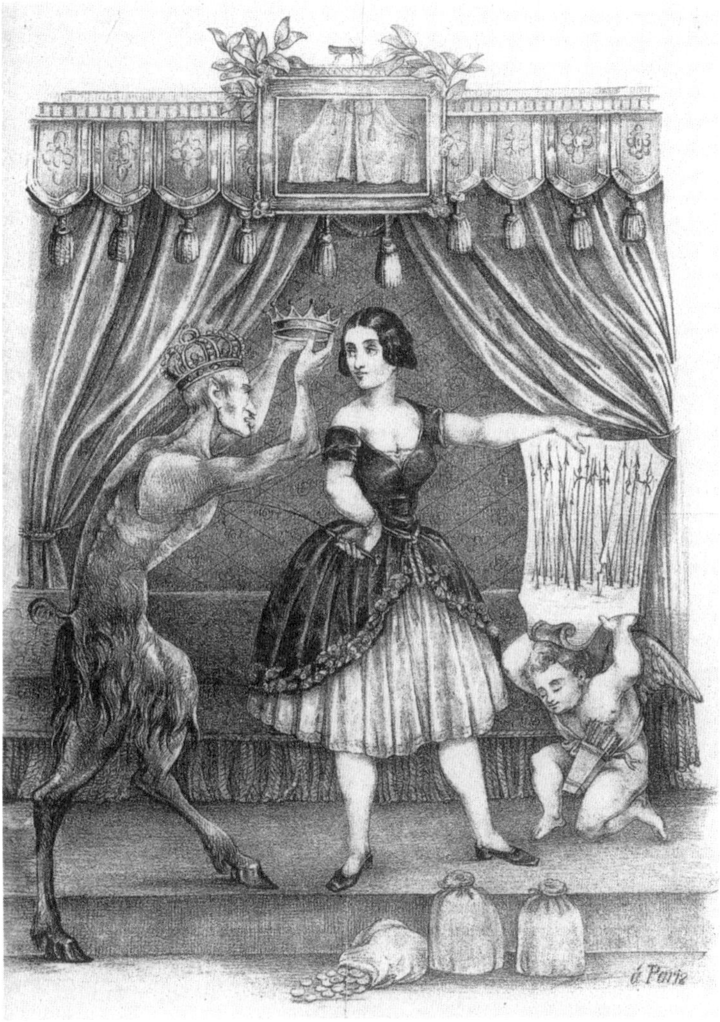

Gräfin Landsfeld: Im August 1847 erhob Ludwig I. von Bayern seine Geliebte zur Gräfin. Die Karikatur zeigt, wie der bocksbeinige König die Tänzerin Lola Montez in ihrem Boudoir krönt. – Lithografie nach Wilhelm Starck, 1847.

welchem die Gesellschaft zu Tisch saß. Damals trat Staatsrat von Berks erstmals als „Cavaliere servente"[129] in Erscheinung.

Gräfin von Landsfeld

Nachdem Lola Montez Haus- und Grundbesitzerin in München und naturalisierte Bayerin geworden war, stand ihrem Wunsche nach gesellschaftlicher Erhöhung nichts mehr im Wege.

Am 4. August 1847 schrieb König Ludwig I. an die in München krank darniederliegende Lola, dass sie nun bald Gräfin sein werde: „Meine sehr geliebte Lolitta, Du hast mich immer begleitet. Ich habe immer an Dich gedacht, Du bist die Sonne meines Lebens, von ihr hängt das Glück und Unglück meines Lebens ab. Wie geht es Deiner Gesundheit? Ich warte für heute Morgen auf die Nachrichten des Arztes. Meine Gesundheit ist gut (…) Ich habe heute schon den Befehl an Maurer geschrieben, dass man Deine Ernennung zur Gräfin verfügt, sie sollte am Tag meines Geburtstages (den 25. dieses Monats) stattfinden können. Sobald das nicht publik gemacht wird bis zum 25., muß es ein Geheimnis bleiben. Meine geliebte Lolitta, Du mußt dem Arzt treu gehorchen, auch während Deiner Konvaleszenz mußt Du vermeiden, Dich zu ärgern, das ist Gift für Deine Gesundheit. Du mußt daran denken, daß Du für Deinen Ludwig bleiben mußt, er soll keine andere Geliebte haben, er will es auch nicht. Ich schließe hier meinen Brief ab. / Dein treuer Luis."[130] Der behandelnde Arzt Dr. Martin berichtete noch am 4. September 1847 schriftlich dem König, dass „Frau Gräfin von Landsfeld (…) vor einer Stunde von einem heftigen Fieberausbruche befallen, welcher durch jene bekannten Nervenanfälle verschlimmert ist, an welchen dieselbe schon früher, insbesondere aber seit Ihrer Zurückkunft von Brückenau öfters gelitten hat."[131]

Zu seinem Geburtstag erhob Ludwig I. seine Geliebte tatsächlich in den Adelsstand. Er schrieb am 21. August 1847 aus Aschaffenburg: „Gräfin Landsfeld, für mich wirst Du immer meine Lolitta sein. An meinem Geburtstag mach ich mir selbst das Geschenk, Dir die Gräfinnen-Würde zu verleihen. Ich wünsche, daß das eine gute Wirkung auf Deine soziale Stellung hat (...) Die Feinde und insbesonders die Feindinnen werden wütend sein, wenn sie Dich als Gräfin sehen. Das ist noch mehr ein Grund, vorsichtig zu sein, und zu vermeiden, da aufzutreten, wo Aufruhr entstehen kann und wo viele Leute sind. Es ist möglich, daß die Feinde die Gelegenheit suchen, Aufruhr zu provozieren und gegen Dein Leben zu trachten. Vorsicht!"[132]

Die Erhebung der Tänzerin zur Gräfin konnte der König durch Ausstellung eines Adelsbriefs unabhängig von der Zustimmung anderer bewerkstelligen. Dennoch erregte die Nobilitierung Aufsehen, da nicht wie zumeist üblich ein einfaches „von" vergeben wurde, sondern ein höherrangiger Titel. Vor allem die Adelsgesellschaft verhielt sich scharf ablehnend gegenüber der frischgebackenen Gräfin. Sogar Graf Bernstorff, der preußische Gesandte, erklärte: „Diese gemeine, überberüchtigste Person infolge eines solchen Aktes des empörendsten Mißbrauches der königlichen Gewalt als Standesgenossin anzuerkennen und als solche zu behandeln, dazu kann ich mich unter keinen Umständen hergeben."[133] Außerdem gab es eine Grafschaft Landsfeld als zugehöriges Territorium überhaupt nicht, daher wurde Landsfeld oft mit der Stadt Landsberg verwechselt. Auch das gräfliche Wappen hatte Ludwig kreiert. Der gevierte Wappenschild weist auf: „In einem ersten rothen Felde erscheint ein aufrechtstehendes blankes Schwert mit goldenem Griffe, in dem zweiten blauen ein streitfertiger, gekrönter goldener Löwe, in dem dritten gleichfalls blauen ein silberner links gewendeter Delphin und in dem vierten Felde eine blaßrothe Rose. Auf dem Schilde ruht, mit rechts von blau und Gold, links von rot und Silber abhängenden Helmdecken eine gräfliche mit neun Perlen geschmückte Krone."[134]

Nachdem Lola insistierte, wurde ihre Erhebung zur Gräfin im Staatsanzeiger veröffentlicht und damit gültig.

Die Frau des Malers Kaulbach schrieb ihrem Mann nach Berlin: „Heute, am Geburtstag und Namenstag unseres Allergnädigsten wurde die Lola zur Gräfin ernannt. Gräfin Landsfeld heißt sie. Sie fuhr in die Kirche, und der ganze Weg dahin war mit Gendarmen besetzt. Abends war Beleuchtung und Musik in ihrem Garten; es sollen 80 Personen dagewesen sein."[135] August Wilhelm Kaulbach antwortete darauf süffisant: „Die Lola Montez ist ja endlich Gräfin geworden! Das ist ja herrlich, das freut mich sehr – da gehört sie hin, zum hohen Adel, der ist so trefflich, edel, keusch, wie sie selbst ist, der Bürgerstand soll froh sein, daß er sie los ist, dem war sie zu gut für sie – also weg mit den H---; in Paris hat sie ihre adeligen Studien gemacht."[136]

König Ludwig ging es bei dieser Standeserhebung vor allem um die gesellschaftliche Anerkennung seiner Favoritin. Als Gräfin konnte sie eine Vorstellung bei Hofe erwarten. Allerdings machte die bisher duldsame Königin Therese dieser Hoffnung ein Ende, indem sie an ihren Gemahl Ludwig schrieb: „Welch liebe Pflicht es mir ist, Dir Dein häuslich Glück unter allen Lebensumständen ungetrübt zu erhalten, mußte die letztere Woche unseres Aufenthaltes in Aschaffenburg Dir bewiesen haben, da ich um jene Zeit im Regierungsblatt ein Ereignis verkündet fand, welches ich bei Kenntnis Deines Charakters für unmöglich gehalten hatte und mich daher schmerzlich dadurch berührt fühlte (...) Ich bin es meiner Frauenehre schuldig – die mir teurer als das Leben – diejenige, welcher Du eine Standeserhöhung verliehst, nie – und unter keinen Bedingungen von Angesicht zu Angesicht zu sehen; – sollte sie das einstige Erscheinen am Hof durch ein Versprechen von Dir zu erlangen suchen, kannst Du mit der Wahrheit ihr entgegnen, Du weißt es bestimmt – ja, aus meinem Mund: daß die Königin, die Mutter Deiner Kinder, sie nimmer mehr bei sich empfangen würde (...) Und nun auch kein Wort mehr, weder schriftlich noch mündlich, über diese schwierige Angelegenheit. Du wirst vor wie nach mich heiter finden, dankbar schon für jede mir von dir bereitete Freude, und sorgsam stets bemüht, den Frieden des Hauses ungetrübt, Dir meinem Ludwig, zu erhalten."[137]

Wie Josephine Kaulbach ihrem Mann nach Berlin berichtete, soll die Königin den für adelige Damen üblichen Theresienorden der neugebackenen Gräfin zugeschickt und nicht persönlich verliehen haben.[138]

Bisher hatte Lola Montez noch bei keinem Kultur- und Gesellschaftsverein Aufnahme gefunden. Frauen von Bildung und Männer von Ansehen sollten nun ihre Tee- und Abendgesellschaften aufwerten. Allein die feine Gesellschaft blieb aus, schnitt die königliche Favoritin voller Verachtung. Manche befürchteten sogar, dass sie den Untergang Bayerns herbeiführe, wie Johann Andreas Schmeller, Kustos der Hof- und Staatsbibliothek, seinem Tagebuch anvertraute: „Lola Montez finis Bavariae."[139]

Flucht aus München

Noch zu Beginn des Jahres 1848 herrschte eine positive Lage in München, wie die Geheimberichte verzeichneten: „Die Stimmung gegen die Frau Gräfin von Landsfeld ist gleichfalls von Seiten der Bürgerschaft gut zu nennen und wenn auch hie und da sich ein oder das andere bürgerliche Individuum beygehen lassen sollte, Resonements auszusprechen, so ist dieses eine Folge von hochgestellten Personen, die in Gast- und Kaffeehäusern Abends zusammen kommen und dort Gespräche führen, woraus sich Ressonements gegen die Frau Gräfin entnehmen lassen. – Diese Gast- und Kaffeehäuser sind bey Havard, Boitelle, Tambosi, Stadt London usw., welche von den verschiedensten Klassen der Einwohnerschaft besucht werden, namentlich aber von adelichen Personen, von Offizieren" – und natürlich auch Studenten.[140] Dennoch brodelte es hie und da leise.

Seit Ende 1847 war die Zensur für innere Angelegenheit aufgehoben worden, so dass satirische Zeitschriften nun vermehrt Karikaturen von Lola und Ludwig veröffentlichten. Auch Schmähschriften kursierten zu Hauf. In der politischen Presse offenbarte sich, dass die Person des Königs nicht mehr unantastbar erschien und Ludwig den Staat nicht mehr unangefochten repräsentierte. Außerdem gab es ein latentes Protest- und Gewaltpotenzial in der Einwohnerschaft Münchens, das in den sogenannten „Bierrevolutionen" der Jahre 1844 und 1846 bereits zum Ausbruch gekommen war.

In einem ersten Aufruhr im Februar 1848 entlud sich dann der geschürte Hass gegen die „Ausländerin" Lola Montez. Vorausgegangen war am 31. Januar der Trauerzug für den verstorbenen Professor Joseph von Görres, der von Lola auf ihrem täglichen Spaziergang mutwillig gestört worden war. Da ihr die trauernden Studenten nicht gleich Platz machten, damit sie passieren konnte, drohte sie damit, die Universität schließen zu lassen. Gendarmerie griff ein, damit die Situation nicht zu sehr eskalierte.

Spätere Handgreiflichkeiten der Studenten mit den „Alemannen" in der Ludwigstraße vor dem Rottmannschen Kaffeehaus führten letztendlich am 9. Februar 1848 zur Schließung der Universität bis zum Wintersemester durch den König. Bei diesem Streit wäre die herbeieilende Lola von der erregten Menge fast massakriert worden und konnte sich gerade noch in die Theatinerkirche flüchten. Die Schließung der Universität bedeutete, dass die nicht in München heimischen Studenten innerhalb von zwei Tagen die Stadt verlassen mussten und die Bürger dadurch finanzielle Einbußen zu erwarten hatten. Am 10. Februar versammelte sich daher die erboste Bürgerschaft vor dem Rathaus und zog mitsamt dem Magistrat zum König, um eine Rücknahme dieser unpopulären Entscheidung zu bewirken. Ludwig blieb aber barsch ablehnend und drohte: „Es ist mir leid für die Bürger, zu dieser Maßregel durch die Tumulte bewogen worden zu sein. Nachgeben wäre Schwäche. Wenn sich die Bürger nicht ruhig verhalten, zwingen sie mich mein Hoflager anderswohin zu verlegen. Das ist sie wissen zu lassen."[141]

Nun verbreitete sich Unruhe in der Stadt. Ludwig bat daher Lola, zu ihrer eigenen Sicherheit München für einige Zeit zu verlassen. Vergebens – sie blieb in ihrem Haus an der Barer Straße.

Von diesen aufrührerischen Tagen im Februar 1848 berichtete die Zeitzeugin Luise von Kobell: „Neugierige und wilde Rotten belagerten Tag und Nacht die Barerstraße, denn die Abreise der Courtisane stand bevor und dünkte ihnen ein prickelnder Anblick. Aber ehe sie sich's versahen, riß am 11. Februar vormittags eine Anzahl Polizeidiener die Thore auf, und der Wagen, in welchem die Gräfin Landsberg (= Landsfeld) saß, fuhr blitzschnell dahin; als die Menge zur Besinnung kam, war Lola ferne. Tumultuanten schrien und schickten sich nun an, das verlassene Haus zu demolieren. Davon benachrichtigt, verfügte sich der König an Ort und Stelle, ein Löwe unter heulenden Wölfen. Er befahl, sich nicht an seinem Eigentum zu vergreifen. Ein Wohlgesinnter stimmte ein Vivat an, und wie ein Wind umschlagend jauchzten alle dem Monarchen zu. Aber der Jubel drang nicht in sein Herz."[142] Zumal ein geworfener Stein Ludwig am Arm traf und verletzte.

Was war aber inzwischen mit Lola passiert? Ein ausführlicher Bericht der Wirtstochter Karolina Pfanner klärt auf und soll hier wegen seiner Eigenart sowie seines Informationsgehalts in Gänze wiedergegeben werden: „Allerdurchlauchtigster Großmächtigster König und Herr! / Nur aus gewißenhafter Besorgnis für die Frau Gräfin Landsfeld, legen wir der Wahrheit getreu diese Schauer-That vor dem Throne Eurer Mayestät zu Füßen, da uns einige Punkte Anlaß geben zu befürchten Eure Mayestät werde unrecht berichtet, weil so viele Unwahrheiten aus Rache und Neid über die Frau Gräfin Landsfeld verbreitet sind. / Herr Lieutnant Weber brachte die Frau Gräfin zu uns mit dem Ausruf, wenn Sie die Gräfin erwischen, so ermorden Sie die Gräfin. Die Frau Gräfin verlangte ein Wägerl und Pferd, da ich dieses nicht hatte und nebst aller unser Bemühung dieses etwas zu spät ankam, hat die Gräfin schon den Kutscher nach der Stadt geschickt, schmerzhafter Erwartung kam er nicht wieder zurück, gegen Abend vermehrte sich die Angst durch das Anfragen Eines berittenen Offiziers, welcher mir und meiner Mutter abnöthen wollte, wir müßen ihm sagen, ob sich die Frau Gräfin hier befindet, was wir durchaus nicht thaten. Dieser zog augenblicklich von unserm Hause, der Bediente hörte es mit an und sagte es der Frau Gräfin, was die Gräfin in die höchste Verwirrung brachte und die Mutter fragte, ob wir nicht Vertraute in München haben, die Mutter erwiederte ich habe Bekannte und würde es gerne thun, aber ich sehe niemand ins Herz und habe nur von vielen den Eigennutz und die Habsucht kennen gelernt, überdieß entschloß sich die Frau Gräfin den Wagen nach der Menterschwaige zu schicken und sie selbst zu Fuß nach München zu eilen, um bei Ihrn Bekannten nur eine kurze Zeit Aufnahme zu finden, bis die Gräfin eine Nachricht von Ihrer Mayestät bekommt, zu diesem Unternehmen nahm die Frau Gräfin mich mit Ihr fort, als es die Mutter vernahm, das wir schon fort sind in großer Angst und Sorge das wir schon fort sind, bat sie den Vater mit aufgehobenen Händen uns nachzueilen, da sie wohl sah, das wir in dieser gefahrdrohenden Sache zu unmündig sind, der Vater eilte uns nach, um uns so viel als möglich zu beschützen, eine Stunde außer Heßellohe fand uns der Vater nahe an der Waldung, auch der Wagen kam nach, wo wir alle in dem Wagen, als wir nahe bei Sendling waren, vernahmen wir Pfeifen, so ließ mein Vater uns nicht mehr in dem Wagen, wir stiegen alle drei aus und gingen über Feld und Wiesen der Paarerstraße zu, vergebens war es da im stillen in Ihr Haus zu komen, von da gingen wir zu Rath Günder, welche gleich beim Eintritt der Frau Gräfin erklärten, daß sie mit der Frau Gräfin in Gefahr wären und sie nicht behalten können, worüber die Frau Gräfin bitterlich zu weinen anfing, von da gingen wir zu Madame Maßan, welche nicht zu Hause war, von da gingen wir zu Leißner, wo auch nur die Tochter zu Hause war, wegen unkennbarer Kleidung wollte Sie nicht glauben, das es die Frau Gräfin Landsfeld ist und Ihr Sprache machte es ihr glaubbar, das Sie die Frau Gräfin ist, worauf die Tochter im stillen sagte, daß die Allemania in Blutenburg sind von da aus suchte Sie auf alle mögliche Weise in die Residenz zu kommen, als wir hinkommen war der Hof verschloßen und als ich den Posten fragte, wies er uns parsch ab, die Frau Gräfin ermüdet, konnte kaum mehr gehen, Sie sagte meinem Vater, er möchte die Post(en?) befragen, mein Vater konnte diesem Wunsch nicht entsprechen, denn keiner hatte Geld und er fürchtete es könnte zu einer neuen Unruhe führen, dann verlangte sie um Schutz nach der Polizei, als wir dort hin kamen, war es auch da verschloßen, die Frau Gräfin noch mehr ermüthet, bot ihr mein Vater an, er wolle Sie vor die

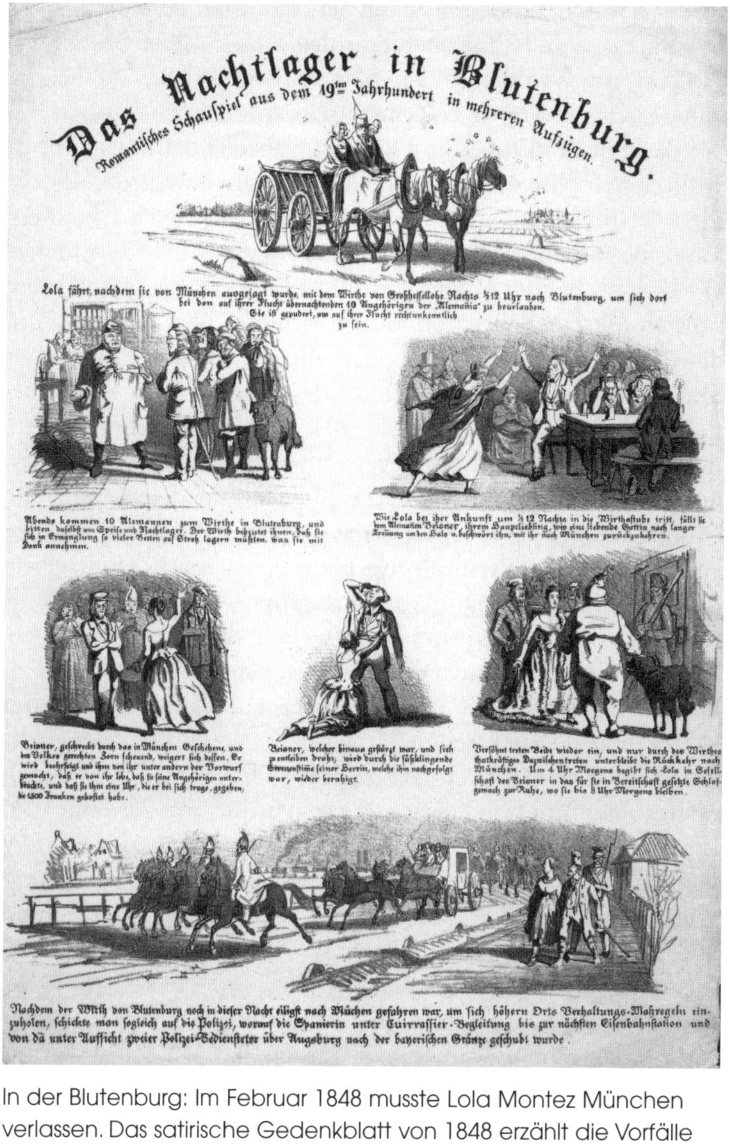

In der Blutenburg: Im Februar 1848 musste Lola Montez München verlassen. Das satirische Gedenkblatt von 1848 erzählt die Vorfälle dieser Fluchtnacht. – Kreidelithografie eines unbekannten Künstlers, um 1848.

Stadt draußen tragen, was Sie für unmöglich hilt, den Vater war es kaum möglich im stillen bei Nachtheit einen Wagen zu bekomen, es fiel ihm aber ein, das Fiaker seine beständige Einkehr im Wirtshause zur blauen Traube habe, er beeilte denselben nach Hause zu gehen und schnell einzuspannen, wo wir dann nach Bluthenburg kamen, während der Einspannzeit wollten wir uns etwas versteckt im Hofe aufhalten, als die Frau Gräfin über Durst klagte, so führte ich Sie zu meinem Vater, der allein in einem Nebenzimmer war und da so lange verweilten, bis der Wagen kam. In Plutenburg angekommen, schrieb Sie einen Brief an Herrn Minister Berk, übergab ihn dem Vater mit dem Auftrag, den andern Tag den Brief in der Stadt zu übergeben, unter dieser Zeit kamen zwei Herrn bei der Mutter an, wovon die Mutter Herrn Minister Berk erkante und da ihr die Frau Gräfin anvertraute, das Herr von Berk noch gut es mit Ihr meine, sagte die Mutter Ihm den Vorfall, die Mutter glaubte der zweite Herr sei Minister Fürst Wallerstein, so faste Sie die Vermuthung Herr Fürst macht sich gerne freund von ihr, weil Er uns schon 8 Jahre 158 fl schuldig ist, es ist dieses blos eine Vermuthung welche die Mutter nicht behaupten kann, als ich und mein Vater mit 2 Allemannia zu Hause ankamen, sagte meine Mutter, Herr von Berk ist hier und du kanst den Brief gleich abgeben, halte dich aber nicht auf, denn Herr Minister hat abgelehnt im Zimmer zu sein, ich übergab den Brief und berichtete in der Eile von der Frau Gräfin nur etwas, der Vater hate noch mehrerns auszurichten, während Herr Minister auf die Stiege komen ließ, der Vater sagte Herrn Minister, was ihn die Frau Gräfin auszurichten gebeten hat. Ihre Mayestät möchten Sie doch nicht verlaßen, indem Sie die ärmste auf der Welt ist. Sie hat keinen Vater, keine Mutter und sonst niemand mehr, als die hohe Gnade Ihrer Mayestät, Sie weinte so bitterlich, daß wir selbst mit Ihr weinen mußten, nach dieser Mittheilung nahmen die beiden Allemannia der Frau Gräfin Ihre Kleidung mit nach Blutenburg, darauf verließ auch Herr von Berks unser Haus, die darauf folgenden Tage wurden wir fortwährend bestürmt mit Fragen, da ich aber und meine Eltern, das uns geschenkte

Vertrauen der Frau Gräfin heilig gehalten haben und tacktfest niemanden darüber Auskunft gegeben, weil die Mutter schon voraus wußte, wann ein Funken davon an Tage kommt, daß wir die Gräfin so bewahrten, unsere Wirthschaft wenig mehr besucht wird. Nach christlichen Glauben sind wir der Hoffnung, das Gott unsere Handlung mit Wohlgefallen angesehen hat, doch bitten wir höchst Ihre Mayestät zu bemeßen, wie nothwendig uns diese Geheimhaltung ist, da wir ohne dieß nur Pächtersleute sind und meine Eltern ihr so schwer und hart erworbenes Vermögen durch Unglück und Betrug verloren haben. Herrn Polizei-Tirektor Markt haben wir die Ehre 16 Jahre zu kennen und ist von dem Wandel meiner Eltern überzeugt. // Unter tausendfacher Bitte höchst Ihrer Mayestät nicht in Ungnaden aufzunehmen, daß ich nicht vermag es geschickter zu Papier zu bringen und ich aus herzlicher Treue und Wohlfahrt wage, Eure höchste Mayestät dieses zu Füßen zu legen."[143] Soweit der Brief der Zeitzeugin, der alle anderen Gerüchte, die sich um die Flucht der Lola Montez aus München ranken, Lügen straft.

Die Fliehende kam schließlich erschöpft in der Blutenburg vor den Toren Münchens an. Hier verbrachte sie die Nacht unter dem Schutz einiger „Alemannen". Bald schon hieß es, Lola habe sich zu einem Stelldichein mit Peißner zurückgezogen. Dieser sagte jedoch gegenüber dem König aus: „In Blutenburg lag ich neben ihr auf dem Kanapee, das heißt, auf Stühlen neben dem Kanapee. Im kalten Zimmer bedeckte ich die Abgemattete mit Kissen und Mänteln."[144]

Am nächsten Morgen, den 12. Februar 1848, trafen in der Blutenburg Polizei und Militär ein. Lola wurde, begleitet von drei „Alemannen", am Pasinger Bahnhof unter der Bewachung von zwei Polizisten namens Dichtl und Weber in den Zug nach Augsburg gesetzt. Von dort schrieb die Gräfin Landsfeld an König Ludwig: „Mein für immer geliebter Louis, / diese Zeilen sind aus der Eisenbahn von Augsburg. Ich bin sehr, sehr unglücklich. Mein Herz ist gebrochen. Ich habe nichts zum Anziehen mit mir, nichts, nichts. Ich bin gezwungen, einen Nachtrock zu tragen. Die Demokratie hat einen großen Sieg errungen, aber hoffentlich nicht für immer. Ich bitte Dich auf meine Sachen zu achten (...) Ich habe kein Geld, weshalb ich Dich bitte, mir genug für die Reise nach Lindau zu schicken (...) Ich bitte Dich, nicht viel Zeit zu verlieren, bis Du kommst. Ich bin so unglücklich. Ich habe eine kleine Pistole und einen Dolch bei mir (...) / Deine immer bis in den Tod treue Lolitta."[145]

Lola reiste nach Lindau am Bodensee, an die äußerste Grenze Bayerns, und stieg im „Hotel de la Couronne" ab. Dort wartete sie auf ihre Habseligkeiten, Dienerschaft, Hunde und briefliche Antwort von Ludwig, der ihr am 18. Februar schrieb, dass es besser wäre, „am Genfer See zu warten, wo die Luft milder" sei, bis er am 12. April nachkommen könne.[146] Am 24. Februar 1848 befand sich die Gräfin Landsfeld bereits an Bord des Dampfschiffes *Ludwig*, um über den Bodensee ins Schweizer Exil zu fahren.

„von außerordentlich nervöser und empfindlicher Natur“

Die Nebenrolle

LOLITTA – DIE EXILANTIN

Spielzeit 1848

Ankunft in der Schweiz

Der Lindauer Landrichter Gaßner verabschiedete die Gräfin Landsfeld, und Graf Poninsky begleitete sie an Bord des Dampfers, der sie über den Bodensee ans Schweizer Ufer fuhr. Lola berichtete Ludwig: „Ich sah Tränen in den Augen von Graf Poninsky, als er mich vom Dampfboot in meine Kutsche brachte.“[147]

Zunächst nahm die Gräfin Landsfeld Aufenthalt in Bern auf Einladung des britischen Diplomaten Robert Peel, den sie aus früheren Zeiten kannte. Wie immer war das Geld knapp. Deshalb beauftragte sie am 25. Februar 1848 Oscar Mussinan, dem König durch Vermittlung von Staatsrat Berks ihren Wunsch mitzuteilen, „daß alle ihre hiesige Bediensteten (die Köchin ausgenommen) noch vor Anfang des nächsten Monats entlaßen werden, da die Ausgabe für selbe, die doch ganz ohne Beschäftigung sind, nicht unbedeutend ist, und sie sich bereits mit einer Gesellschafterin, Kammerjungfer und einem Bediensteten versehen habe.“[148] Außerdem möge den Bediensteten der noch ausstehende Lohn von Januar und Februar bezahlt und ein Gendarm zur Bewachung ihres Hauses abgestellt werden. Das Palais in München solle verkauft, mit dem Erlös Lolas Schulden beglichen und ihr der Restbetrag überwiesen werden. Bisher wurde ihr Haus bewacht, wie die *Allgemeine Zeitung* im Februar 1848 berichtete: „Die Eingänge der Barerstraße sind noch immer mit Cuirassierpikets besetzt, und eine Abtheilung Infanterie hält die Wache vor dem kleinen Haus, gegen welches die Volkswuth sich während der letzten Ereignisse hauptsächlich kehrte. Die Spuren der Zerstörung sind im innern Hofraum noch sichtbar, doch ist der angerichtete Sachschaden nicht so bedeutend als viele denken. Werthvolle Gegenstände blieben unberührt, aber ein Pach (= Pack) Papiere, der sich vorfand, meist Bittschriften zudringlicher Supplicanten, wurde weggenommen und circuliert in zahlreichen Abschriften."[149]

Voller Ungeduld wartete Lola in der Schweiz auf Ludwigs Antwort.

Revolution in München

In Frankreich war am 27. Februar 1848 der König in blutigen Kämpfen vertrieben worden, und diese revolutionäre Bewegung sprang bereits auf das Großherzogtum Baden über. Eine revolutionäre Stimmung demokratischer Kräfte breitete sich aus.

In München war nach Lolas Flucht eine Atmosphäre voller Misstrauen und Auflehnung entstanden. Der preußische Gesandte berichtete nach Berlin: „Der König Ludwig ist vollständig aller Achtung, aller Autorität, alles Vertrauens bei seinem Volke entblößt. Er wird allgemein für ganz oder halb wahnsinnig angesehen und es bedürfte nur des geringsten Anstoßes, um ihn zu entthronen (…) Der König ist jeder vernünftigen und ernsten Betrachtung unzugänglich (…) und er lebt in einem vollkommenen Traum, denkt und schreibt fortwährend an seine verjagte Geliebte und beschäftigt sich mit Gedanken der Wiedervereinigung auf der einen, der Reaktion und der Rache auf der anderen Seite."[150]

Die Münchner Märzrevolution von 1848 entlud sich in einer ersten Welle vom 2. bis zum 6. März; dabei standen die bürgerlichen Forderungen nach Pressefreiheit, Ministerverantwortlichkeit und Überwindung der reaktionären Restaurationspolitik im Vordergrund. Die nationale Idee eines geeinten Deutschlands trat in Bayern indes zurück. Trotz der aufgebrachten Einwohnerschaft gab es jedoch keine blutigen Barrikadenkämpfe wie in Berlin oder Wien. Am 2. März 1848 erstürmten die Münchner das Haus des „Lola-Ministers" Berks, der jedoch München schon verlassen hatte. Die Bürger bewaffneten sich im Zeughaus, Blutvergießen konnte aber durch geschicktes Verhandeln des Münchner Bürgermeisters Kaspar von Steinsdorf und des königlichen Bruders Prinz Karl im letzten Augenblick abgewendet werden.

König Ludwig I. verkannte den Ernst der Lage und weigerte sich, ihre Brisanz für die Monarchie einzusehen. Er musste allerdings der vom Fürsten Oettingen-Wallerstein verfassten Proklamation vom 6. März 1848 zustimmen – und damit einer Revision der bayerischen Konstitution, die ihn in seiner Handlungsfreiheit als Herrscher beschränkte.

Außerdem trat nun Freiherr Thon-Dittmer, Bürgermeister von Regensburg, die Nachfolge des verjagten Lola-Ministers Berks an. Befriedet und zufrieden mit diesem Erfolg ließen die Münchner das Königshaus hochleben. Dessen ungeachtet, konnte Ludwig dieser Begeisterung nichts abgewinnen, bekam einen Migräneanfall und zog sich in seine Privatgemächer zurück.

Lola, in der Schweiz lange im Ungewissen geblieben, brach am 8. März kurzentschlossen auf und reiste, begleitet von Baron Meller, mit der Kutsche insgeheim über Baden und Württemberg zurück nach München. Bei der befreundeten Caroline Wegner stiegen sie in der Wurzerstraße ab. Obwohl Lola sich als Mann verkleidet hatte, wurde sie von einem Offizier erkannt und aufs Polizeirevier geschafft. Polizeichef Mark eilte noch um ein Uhr nachts in die Residenz, um den König zu informieren. Ludwig I. stellte später in einer eigenhändigen Darlegung der Geschehnisse die Szene derart dar: „Als unversehens, plötzlich, die Gräfin Landsfeld (Lola Montes) hierher nach München kam, Polizeidirektor Mark an mein Bett trath, mich mit dieser Nachricht weckte; es war in der Nacht von

Aschermittwoch auf den Donnerstag im Jahr 1848, und ich in's Polizeygebäude zu ihr (...) ging." Lola bedrängte den König, wie dieser weiter notierte: „Sie wolle bey mir bleiben. Wie (ich) auch noch leidenschaftlich in sie verliebt war, wollte ich mich dennoch nicht von Therese, meiner Frau trennen, und nicht in den Sinn kam mir vom Thron zu steigen. Daß sie nicht mehr in München wohnen konnte, sah sie selber ein. Bej Tagesgrauen verließ sie die Stadt. Neues Leben war in mir, heiter."[151]

Etwa drei Stunden hatten der König und seine Geliebte für ein abschließendes Zusammensein, dann brachte eine Kutsche die Gräfin Landsfeld wieder in die Schweiz zurück. Allerdings führte ihre Reiseroute zunächst über Karlsruhe, Heidelberg, Mannheim nach Frankfurt am Main, wo sich Lola mit dem „Alemannen" Fritz Peißner verabredet hatte.

Das unerwartete Auftauchen Lolas in München verbreitete sich wie ein Lauffeuer; viele vermuteten, dass sie sich weiterhin in Bayern versteckt hielte. Einmal, am 15. März 1848, stürmte die erboste Menge fast das Schloss Fürstenried, wo Lola vermutet wurde, ein anderes Mal randalierte man vor dem Polizeipräsidium, verprügelte Gendarmen, warf Akten auf die Straße und zerschlug Fensterscheiben. Nur schwer konnte die wütende Menge beruhigt werden. Obwohl Lola Montez Bayern schnell wieder verlassen hatte, hielten sich hartnäckig Gerüchte, dass sie noch immer im Lande ihr Unwesen treibe oder zurückkehren wolle. Die nun kommenden Tage waren aufgeheizt mit immer neu aufflackernden Spekulationen. „Schau nicht um, die Lola geht rum!", spottete der *Münchner Punsch* am 19. März.

Um die Situation zu entschärfen, schrieb Staatsrat Thon-Dittmer am 16. März 1848 an den König: „Euer Königliche Majestät darf der allerunterthänigst treugehorsamst Unterzeichnete nicht verhelen, daß die Meinung dahier immer wieder auf's Neue sich trübt, das Mißtrauen täglich sich steigert und die Meinung nicht aus dem Publicum zu bringen ist, die Gräfin Landsfeld sey entweder noch hier, oder in der Umgebung versteckt. / Daß Euer Königliche Majestät heute Vormittags das Haus des Stabsboten Wegerer in der Wurzer-Straße besucht haben, steigert diese Vermuthung. Alle gegentheiligen

Versicherungen sind fruchtlos. / Polizey-Director Mark hat durch sein Benehmen bey der letzten unseligen Anwesenheit der Gräfin durch die Unterlaßung jeder Dienstlichen Anzeige bei seinen Vorgesetzten, durch Unterlaßung der Begleitung derselben bis über die Grenze, bey der Einwohnerschaft seine Glaubwürdigkeit noch vollends auf's Spiel gesetzt. / Unter solchen Verhältnissen läßt sich ein gedeihliches Wirken der Polizey-Behörde nie und nimmermehr erreichen."

Mark muste daher durch den einstmals wegen Lola entlassenen Freiherrn von Pechmann abgelöst werden.[152]

Bereits am 17. März 1848 wurde die Gräfin Landsfeld alias Lola Montez ausgebürgert und zur Fahndung ausgeschrieben. Der Magistrat der königlichen Haupt- und Residenzstadt München machte mit Anschlag bekannt: „Wir von Gottes Gnaden König von Bayern finden Uns zu der Erklärung bewogen, daß die Gräfin von Landsfeld das bayerische Indigenat zu besitzen aufgehört hat." Außerdem teilte im selben Anschlag das Justiz- und Innenministerium mit (unterzeichnet von den Staatsräten Peisler und Freiherr Thon-Dittmer): „In Anbetracht, daß die Gräfin von Landsfeld, welche laut Allerhöchster Entschließung Seiner Majestät des Königs vom heutigen aufgehört hat, das bayerische Indigenat zu besitzen, ihre Versuche nicht aufgiebt die Ruhe der Hauptstadt und des ganzen Landes zu stören, sind unterm heutigen alle Gerichts- und Polizeibehörden des Königsreichs angewiesen worden, auf besagte Gräfin zu fahnden, sie überall, wo man sie finden mag, zu Haft zu bringen, und auf die nächste Festung zu verschaffen, um sie sofort der richterlichen Untersuchung zu überweisen."[153]

„Am 18. März und die folgenden Tage war München wie im Belagerungszustand", erinnerte sich Luise von Kobell, „An 10 000 Bewaffnete, Militär und Freikorps, waren teils auf Plätzen und Straßen aufgestellt, teils in den Kasernen konsigniert. Den revolutionären Umtrieben sollte ein Ende gesetzt werden. Deputationen begaben sich zu dem König und zu den eingetroffenen Abgeordneten der Ständekammer. Dunkle Gerüchte kommen wie die Raben herbei, und wer nicht zu den Aufrührern zählte, harrte bange der Lösung der Dinge."[154]

Die Aberkennung der bayerischen Staatsbürgerschaft und der Haftbefehl waren ein ungewöhnliches Vorgehen und wurden offenbar auch nicht von allen mit Verständnis aufgenommen, da sich Lola eigentlich nichts Strafrechtliches hatte zu Schulden kommen lassen. Ganz offensichtlich gab die Montez nicht nur den Anstoß zu moralischer Entrüstung, sondern auch zu aufrührerischer Wut. Die königliche Favoritin war aber nur der Auslöser für die revolutionären Ereignisse, welche auch ohne ihr Erscheinen in München ihren Lauf genommen hätten, allerdings erst später – wie andernorts – im März und nicht bereits beginnend im Februar 1848 mit ihrer Vertreibung.

Des Königs Geliebte war also wieder zur Ausländerin gemacht und zugleich kriminalisiert worden. Ludwig kochte innerlich vor Wut. Er schrieb an Lola: „Die Revolution hat gesiegt mit dem Ergebnis, daß ich erniedrigt bin. Aber nicht genug damit. Die Leute erwarten von mir, Glück und Freude in meinem Gesicht zu sehen. Eine fürchterliche Anmaßung."[155]

Ludwig fühlte sich erpresst und gedemütigt. Zudem schien ein Wiedersehen mit Lolitta zumindest in Bayern nicht mehr möglich und musste daher andernorts organisiert werden. Vorerst blieb nur der briefliche Kontakt.

Ludwigs Thronverzicht

Die erzwungene Proklamation vom 6. März 1848 ließ König Ludwig, der bisher autokratisch in einer neoabsolutistischen Weise regiert hatte, nur mehr wenig Spielraum. Er fasste aus diesem Grunde einen Entschluss, der viele überraschte – und verzichtete am 20. März 1848 auf Bayerns Thron. Die Zeitgenossin Luise von Kobell berichtete: „Der Eindruck war ein mächtiger. Die Bevölkerung war erschüttert und tief ergriffen. Manchem fiel es wie eine Schuld auf die Seele, den Monarchen, der so viel Gutes für sein Land gethan, derart gedankt zu haben, daß er seine Krone niederlegte."[156]

Bereits am 19. März hatte Ludwig seiner vielgeliebten Lolitta brieflich mitgeteilt: „Ich, der ich Dir so stark verbunden

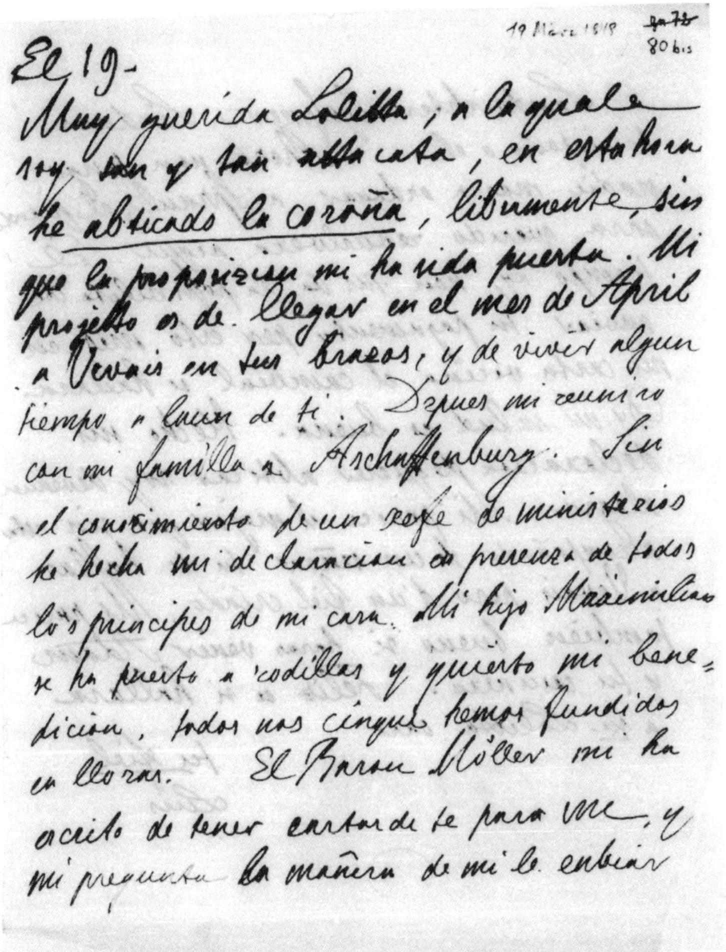
19 März 1848 80 bis

El 19-
Muy querida Lolitta, a la quale
soy sin y tan attacata, en esta hora
he abticado la corona, libremente, sin
que la proposizion mi ha sido puesta. Mi
projetto es de llegar en el mes de April
a Vevais en tus brazos, y de viver algun
tiempo a lacer de ti. Despues mi reunirò
con mi familla a Archaffenburg. Sin
el conocimiento de un xefe de ministerios
he hecha mi declaracion en presenza de todos
los principes de mi casa. Mi hijo Maximilian
se ha puesto a rodillas y querido mi bene=
dicion, todos nos cinque hemos fundidos
en lloras. El Baron Möller mi ha
aceito de tener cartas de te para me, y
mi pregunta la manera de mi le enbiar

Der Briefwechsel: Schreiben König Ludwigs I. von Bayern an Lola Montez vom 19. März 1848, in dem er ihr seine Abdankung mitteilte.

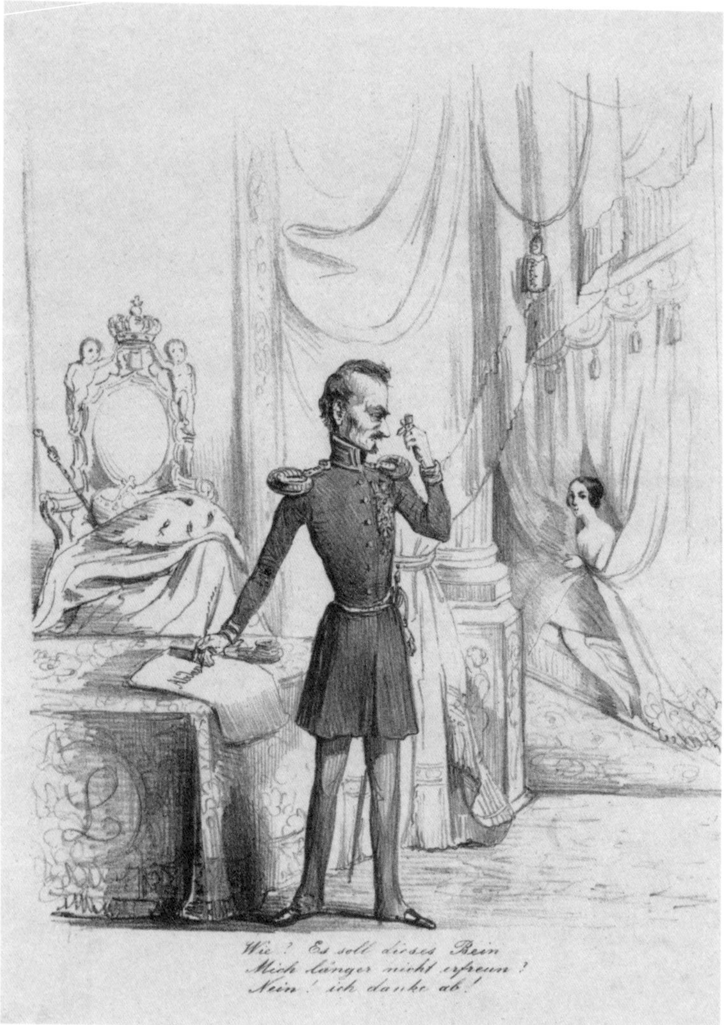

Die Abdikation: König Ludwig I. von Bayern dankte 1848 ab. Auf seine geliebte Lolitta wollte er jedoch nicht verzichten. Die Karikatur ist unterschrieben mit: „Wie? Es soll dieses Bein mich länger nicht erfreun? Nein! Ich danke ab!" – Lithografie eines unbekannten Künstlers, um 1854.

bin, in dieser Stunde habe ich abgedankt, freiwillig, ohne daß es jemand vorgeschlagen hätte. Mein Plan ist, im April in Vevey anzukommen, um dort in Deine Arme zu fallen und einige Zeit mit Dir zu leben (...) Ohne Kenntnis des Ministerrats habe ich die Abdankung in Gegenwart der Prinzen meines Hauses gemacht. Mein Sohn Maximilian ist auf die Knie gefallen und hat um meinen Segen gebeten, wir fünf haben alle zusammen geweint (...) Heute geht es mir gut. Seitdem ich meine Abdankungserklärung abgegeben habe, fühle ich mich fröhlich (...) Wenn er mit seiner Lolitta ist, wird glücklich sein / Dein treuer Luis."[157]

Einen Tag später, am 20. März 1848, wurde das Abdankungspatent veröffentlicht, in dem der König schrieb: „Bayern!/ Eine neue Richtung hat begonnen, eine andere als die in der Verfassungs-Urkunde erhaltene, in welcher Ich nun im 23. Jahre geherrscht. / Ich lege die Krone nieder zu Gunsten Meines geliebten Sohnes, des Kronprinzen Maximilian. / Treu der Verfassung regiert Ich; dem Wohle des Volkes war Mein Leben geweyht; als wenn Ich eines Freystaats Beamter gewesen, so gewissenhaft ging Ich mit dem Staatsgute, mit den Staatsgeldern um. Ich kann jedem offen in die Augen sehen. Und nun Meinen tief gefühlten Dank Allen, die Mir anhingen. / Auch vom Throne herabgestiegen schlägt glühend Mein Herz für Bayern, für Teutschland."[158]

Noch einmal erläuterte Ludwig seiner Lolitta die Beweggründe der Abdankung: „Ich habe auf die Krone verzichten können, aber nicht auf meine geliebte Lolitta. Ich habe die Erklärung vorgestern vor den Prinzen meines Hauses abgegeben, heute habe ich es schriftlich getan. Jetzt bin ich ein von ihm selbst abgesetzter König, aber nie der Deines Herzens (...) Nachdem die Revolution gesiegt hat, habe ich aufgehört zu regieren. Mir hat gefallen zu regieren, aber wirklich zu regieren. Ich habe immer gesagt, daß ich nicht ein König, wie der von England, ohne Macht sein will (...) Mein Plan ist, Mitte April zu Dir nach Vevey zu kommen (...)."[159] Allerdings kam dieses Wiedersehen nicht zustande, und auch die nächste Verabredung konnte Ludwig nicht einhalten: „Mein Plan ist, vor dem 8. Juli zu kommen oder danach, und wenn danach, dann am 9. oder 10. wegen der revolutionären Situation kann ich das nicht sicher sagen, aber eines ist sicher, meine Treue zu Lolitta."[160] Trotz zahlreicher Wiedersehenspläne – „(…) Ich bin immer noch am planen, Dich im Sommer zu sehen (…)"[161] – sollte es nie mehr zu einer Begegnung Ludwigs mit seiner Lolitta kommen.

Liebe auf Distanz

Allmählich hatte sich Lola im Schweizer Exil häuslich eingerichtet. In ihren Memoiren bekannte sie: „Wenn auch dem Könige von Bayern nicht mehr nahe, hatte ich mich doch der beständigen Freundschaft dieses erhabenen Monarchen zu erfreuen, und öfters empfing ich Besuche seiner Vertrauten und Briefe, welche mich wenigstens einigermaßen mit meinem jüngsten Geschicke aussöhnten. / Es war also das Beste, die Zukunft noch abzuwarten (…) / Die herrliche, erhabene Natur dieses Landes beschwichtigte die stürmischsten Empfindungen, man fand sich selbst in dieser großartigen Umgebung wieder."[162]

Mittels einer lebhaften Korrespondenz, die in einem eigenwilligen Spanisch geführt wurde, suchten Luis (Louis) und Lolitta, wie sie sich nannten, ihre Liebesbeziehung aufrechtzuerhalten.[163]

Immer wieder schwärmten sie von einem Beisammensein, vor allem Ludwig hoffte sehnlichst darauf. Die politischen Umstände und Ludwigs Familie jedoch wussten den persönlichen Kontakt des abgedankten Königs mit seiner Geliebten zu vereiteln.

Lolitta war inzwischen von Bern über Vevey und Lausanne nach Genf gekommen. Hier logierte sie im luxuriösen „Hotel de Bergues" mit Blick auf den See. Der Eigentümer, Alexander Emmanuel Rufenacht, ein ehemaliger napoleonischer Offizier, wurde zu ihrem Unterstützer. Gräfin Landsfeld suchte nach einem Haus, das ihr und auch Ludwigs Zuhause werden sollte. Sie fand schließlich den ehemaligen Wohnsitz der Kaiserin Josephine und mietete das „Château de l'Impératrice" im nahen Pregny für 500 Schweizer Franken auf sechs Monate an. Allerdings mussten noch Renovierungsarbeiten vorgenommen und ihr Mobiliar aus München herbeigeschafft werden, bevor sie einziehen konnte. Einstweilen verblieb sie in Rufenachts Hotel.

Ständig war sie in Geldnöten, denn ihre Entourage war auf acht Bedienstete, einen Wagen und zugehörige Pferde angewachsen, wofür die Hotelunterkunft bezahlt werden musste. Immer wieder bat Lolitta ihren Louis[164] um Geldüberweisungen, um die Schulden begleichen zu können. Ludwig zahlte, listete die Gelder allerdings pedantisch auf und ermahnte seine ferne Geliebte Anfang Mai: „Es ist unglaublich, daß eine Frau ohne Familie in so kurzer Zeit einem Hotel 4000 Franken schuldet. Obwohl ich Dir schon 1000 Franken für den Transport der Möbel geschickt habe, sende ich Dir noch 7000 Franken – 4500 Franken morgen und 2500 Franken, wenn die Möbelreparatur beendet ist. Jetzt darfst Du keine Ausgaben mehr machen."[165] Schließlich schickte Ludwig ihr 5000 Franken, „um diese riesige Hotelrechnung und den Rest der Transportkosten für die Möbel zu zahlen"[166], für die Möbelreparatur erhielt Lola dann zusätzlich 2500 Franken und 2000 weitere für ihren monatlichen Unterhalt. Außerdem ermahnte Luis seine Lolitta: „Du selbst oder eine vertrauenswürdige Person müssen deine Ausgaben aufschreiben und jeden Monat die Rechnungen zahlen. Und Du darfst keine Schulden anhäufen. Wenn es um Geld geht, bist Du fürchterlich."[167] Ludwig wollte Lola auf Dauer finanziell absichern, da er sich ihr verpflichtet fühlte. Denn sie war ohne Angehörige und hatte ihren Beruf als Tänzerin ihm zuliebe aufgegeben. Er fragte an: „Schreibe mir, ob ich Dir das völlig legale Geschenk an Zinsen und Dividenden machen soll, die eine Summe von 400 000 Gulden auf einer hiesigen Bank bringt. Das wären ungefähr 20 000 Gulden im Jahr. Ein solches Geschenk wäre unabhängig von politischen Ereignissen, sogar unabhängig davon, daß ich eventuell meine Staats-Apanage verliere. Wenn ich das Geld auf eine andere Bank gebe, würden weniger als 20 000 herauskommen, weil die Zinsen unter 5% liegen. Eine andere Bank würde auch keine Dividenden zahlen, da ich als Aktionär ein Gründungsmitglied der Bank bin."[168] Lola war mit diesem Vorschlag nicht zufrieden. Sie wünschte, dass der gesamte Betrag auf einer Bank in der Schweiz oder in England angelegt werde, damit sie dann selbst nach Bedarf abheben könne. Aber Ludwig ließ sich nicht darauf ein, da das Kapital dort weniger Zinsertrag gebracht hätte. Auch habe „die Erfahrung" gezeigt, meinte er, dass Lola dann ihr Geld nicht einteile und es „mit einem Mal" ausgebe.[169]

Neben dem Finanziellen wurde aber auch Intimes brieflich ausgetauscht. So fragte Ludwig seine Geliebte, ob sie denn beim nächsten Wiedersehen mit ihm ins Bett gehen wolle. Lola antwortete: „Natürlich will ich, und es gefällt mir, wenn ich daran denke, daß mein geliebter Ludwig mit seiner Lolitta schlafen will. Ich liebe Dich mehr denn je, und (...) ich bitte Dich, mir treu zu sein, bis Du kommst, und dann kannst Du mit mir mit großem Gusto und Vergnügen schlafen (...) Auch wenn die sündige Welt alles getan hat, uns zu trennen. Aber Du bist mein Luis, wirst mein Luis bis in den Tod und der letzte Gedanke sein (...) Küsse über Küsse für Dich, mein geliebter Louis. Sei mir nicht untreu, und liebe mich immer, wie ich Dich liebe, mit Herz, Seele und Leidenschaft, Deine treue, bis in den Tod zärtliche Lolitta."[170]

Der uns überlieferte Briefwechsel straft diejenigen Lügen, die ausstreuten, dass das Verhältnis des Königs zu der Tänzerin rein platonisch war. Ein rosaroter Zettel, der Ludwigs Brief vom 18. Juni 1848 beigefügt ist, wird recht deutlich: „Ich habe Deinen Brief vom 8. dreimal gelesen, und jedesmal eine Erektion bekommen. Morgen Nacht (vom 17. auf den 18.) ist die einzige Nacht, in der ich mit Dir geschlafen habe, und dann wird es ein Jahr her sein, daß ich mit Dir geschlafen habe. Außer einmal, am 1. Dezember, am Nachmittag, als ich in Dir war."[171]

Inzwischen hatte die Gräfin Landsfeld das ehemalige Château der französischen Kaiserin bezogen, da die Möbel aus München eingetroffen waren. Lola spielte nun die Rolle der Mätresse, die unschuldig im Exil auf ihren königlichen Geliebten warten muss. Über ihre dortige Lebensgestaltung berichtete sie Ludwig: „Jetzt bin ich wieder mehr zu Hause, aber ich brauche immer noch Dich, um alles zu haben (...) Ich empfange niemanden, lebe zurückgezogen, außer zu den Rufenachts, der Familie Aubert, der Familie Vannier, alles Freunde von Rufenacht, und zwei Damen. Ich spreche mit ihnen über Dich, küsse Dein Bild. Ich nehme Harfen-Stunden, um mich jeden Tag abzulenken. Ich liebe es sehr. Ich bin jeden Tag an der Luft. Wir sind mitten auf dem Land, fast unabhängig (...) Ich habe genug Zimmer für jeden, der mit Dir kommt. Das Haus ist sehr groß (...) und jetzt bin ich auch wieder vollkommen gesund, viel mehr als in München. Ich habe (für Dich) zwei hübsche Zimmer auf dem selben Stockwerk wie die meinen, die mit meinen verbunden sind. Schau auf das Bild vom Haus, das ich Dir geschickt habe (...) Georg ist immer noch ein guter und ergebener Diener. Er hat wahrhaftig mein Leben an jenem schrecklichen, dunklen Februar gerettet, weshalb ich ihn gut behandle (...) Rufenacht hat mir geholfen, die anderen Diener auszusuchen. Turk und Zampa (= die Hunde) sind bei bester Gesundheit, und jeden Tag hat Zampa seine ABC-Stunde, so daß er es nicht vergißt, wenn Du da bist (...) Normalerweise gehe ich um zehn ins Bett und stehe um halb neun auf."[172]

Augenscheinlich verliefen die Tage der exilierten Gräfin in Wirklichkeit nicht ganz so beschaulich, wie Lola sie Ludwig schilderte, denn ein Schreiben Rufenachts, der ebenfalls mit König Ludwig in Kontakt stand, meldete: „Ich weiß nicht, warum Lola Montez Ihnen nicht öfter schreibt. Ich sehe sie nicht so oft, aber sie ist von außerordentlich nervöser und empfindlicher Natur. Sie geht während des Tages spazieren, sogar in der Nacht, diniert mit Gästen, hat Abendessen mit den jungen Männern, die mit ihr segeln etc. Ich kann nur spekulieren, daß sie das Geld bekommen muß, das sie wirklich braucht. Pregny ist für sechs Monate gemietet, seit dem 1. Mai, für 500 Franken pro Monat. Sie hat auch einen Gemüsegarten und Platz für den Kutscher für 550 Franken die Saison angemietet (...) Lola Montez hat junge Leute um sich versammelt, aus allen Klassen, die sich Korsaren nennen, eine Schiffahrtsgesellschaft. Sie glauben, daß sie von den Jesuiten verfolgt wird, und sie haben geschworen, sie zu schützen. Der Anführer davon heißt Berton. Weil Lola Montez den See liebt, hat sie ein Segelboot und mehrere kleine Boote gekauft; sie segeln, und manchmal verbringen sie die Nacht auf den Booten; sie haben regelmäßig Diners, manchmal 12–18 Leute. Meine Kinder sind nicht mehr zum Schloß zurückgekommen, seitdem die Korsaren gekommen sind, so war es mir nicht möglich, Lola Montez' weiteren Abenteuern zu folgen."[173]

Die „Korsaren" ersetzten nun im Schweizer Exil die Münchner „Alemannen" und vertrieben Lola die Zeit des Wartens angenehm. Auch fand sich ein Kavalier namens Auguste Papon ein, der vorgab, Spross aus altem französischem Adel zu sein. Später entpuppte er sich als Hochstapler, der es nur auf Ruhm und Geld abgesehen hatte. Aus seiner Feder stammte eine erste Biografie über Lola Montez.[174] Ludwig im fernen Bayern reagierte eifersüchtig und erkundigte sich bei Rufenacht nach Papon. Dieser berichtete: „Er ist um die dreißig (...) Er ist ziemlich klein, bronzenes Gesicht, lebhafte, unheilvolle Augen, mit einem spanischen Aussehen, und er spricht sehr gut Spanisch (...) Ein Südfranzose, lebhaft, religiös, aber sehr umgänglich, der sich wie ein Löwe aufführt. Er läßt keine Chance aus, beliebt zu sein, aber ich glaube, er hat kein Herz zum Lieben. Ich weiß nicht, was er in der Gräfin inspiriert, aber ich zweifle, daß es Liebe ist."[175]

Allmählich gestaltete sich die Lage der Gräfin Landsfeld, die ihre Briefe unter dem Pseudonym Mrs. Bolton empfing, immer prekärer. Wieder konnte ein Rendezvous mit Ludwig im September nicht verwirklicht werden, da in München ausgestreut wurde, dass der abgedankte König zu Gunsten seiner Geliebten den Staatsschatz verkauft hätte. Abermals kam es in München zu Unruhen, bei denen die Polizeiwache demoliert wurde und erst Ruhe einkehrte, als man die Schatzkammer zur Besichtigung der Pretiosen öffnete. Ludwig teilte Lola mit: „Es ist schwer für mich, aus Bayern hinauszukommen. Der König von Württemberg und seine Geliebte sind in Meran, in Tirol. Er hat die Krone, und niemand in seinem Land sagt etwas dagegen. Aber ich, obwohl abgedankt, kann Dich nicht sehen. Warum? Wenn nicht so viele Leute verrückt wären (...) Aber der Haß auf Dich ist sonderbar, so tollwütig."[176] Und wenig später klagte er: „Immer wieder fühle ich die Melancholie, daß ich gehindert werde, Dich zu sehen. Während alle Freiheit schreien, muß ich ein Sklave sein."[177]

Mit den vergehenden Wochen und Monaten des Wartens, der Langeweile, der Geldnöte und Ausflüchte, der kleinen Liaisons und vergeblichen Hoffnungen erkannte Lola, dass sie einen neuen Weg einschlagen musste. Zudem erwies sich auch die Schweiz nicht mehr als der geruhsame Ort. Gläubiger bedrängten die Gräfin, Papon wurde ihr lästig, bei Unruhen während der Ratswahlen in Genf hatte sie im Oktober einen Unfall mit der Kutsche und verletzte sich am Arm; immer häufiger bekam sie Angst vor der Zukunft: „Wie schrecklich, wenn Dir etwas passieren sollte, mi querido Louis (= mein geliebter Ludwig), und ich allein auf der Welt ohne dich sein sollte. Du weißt, mir gehört absolut nichts. Ich schulde alles Deiner Güte und Freigiebigkeit. Aber was alles passieren kann. Wie schrecklich. Heute im Überfluß, morgen im Armenhaus (...) Alle meine alten Freunde aus England schreiben mir oft und fragen mich, ob ich nicht irgendeine Sicherheit hätte. Aber was kann ich sagen? Nichts (...) Aber jetzt bin ich immer traurig beim Gedanken an meine Lage (...) Andernfalls sollte ich daran denken, selbst etwas zu machen. Für ein edles Herz muß das naheliegend sein. Ich will nicht den Respekt aller Welt verlieren."[178] Da die lebenslange finanzielle Absicherung weiterhin auf sich warten ließ, sprach Lola in ihren Briefen immer häufiger von einer vorteilhaften Eheschließung und dem Verlassen des Schweizer Exils.

Schweiz Adieu

Am 27. November 1848 teilte die „treue Lolitta" ihrem geliebten Louis mit, dass sie nach England abreisen werde: „Bitte schreibe mir postlagernd, London, Mme. Bolton. Ich bin sehr froh, dieses ungastliche Land für eine Weile verlassen zu können."[179] Aus Köln berichtete sie: „Meine Reise ist sehr sparsam und ruhig. Drei Tage in der Postkutsche waren nicht komfortabel, aber dafür billig. Heute ging es von Mannheim mit dem Dampfschiff, und bis morgen kann ich hier in einem guten Hotel bleiben. Keiner kennt mich, und meiner Gesundheit tut es gut. Seitdem ich dieses abscheuliche Genf verlassen habe, bin ich nicht mehr traurig oder melancholisch."[180] In London angekommen, teilte sie mit: „Ich bin von Genf bis hierher für vier Personen mit 750 Franken gereist – ich, Baron Meller, mein Mädchen und sein Diener. Jetzt habe ich nur das Geld, das Du mir geschickt hast, und hier kann man kein Geld verschwenden. Was Du mir gegeben hast, ist nur für das Allernötigste."[181] Lola war in London unter dem Namen Mme. Bolton im Hotel „Sabloniere" am Leicester Square abgestiegen.

Ludwig zeigte sich nicht gering erstaunt über diesen Ausflug: „Es war keine kleine Überraschung für mich, als Du mich über Deinen sogenannten kleinen, in Wirklichkeit großen Abstecher von Genf nach London unterrichtet hast. Du warst schon weg, bevor Du mich in Deinem Brief davon informiert hast."[182] Zusätzlich ermahnte er sie, mit dem Geld zu haushalten, denn: „Du hältst Dich im teuersten Land auf."[183]

Aber Lola war fest entschlossen, sich in London niederzulassen, und pries die Anonymität der Weltstadt: „Ich bin hier ganz unbekannt. Es wäre gut für Dich, hierher unter einem anderen Namen zu kommen. Keiner würde Dich kennen. Was für ein Unterschied zu Genf. Hier kann ich zu Fuß ausgehen, und niemand sagt etwas oder starrt auf mich (…) Genf macht mich so krank, seitdem ich London gesehen habe. Ich habe vor meine Möbel in Genf zu verkaufen und mich hier niederzulassen, wie die Berühmtheiten Guizot, Metternich, Louis Philippe etc. etc. Incognito zu leben ist besser, und wenn ich keine außerordentlichen Ausgaben mache, dann ist es dasselbe wie in Frankreich und Deutschland. Glaub mir, die Schweiz ist überhaupt nichts für mich."[184]

Noch einmal kehrte Lola nach Genf zurück, um ihre Angelegenheiten zu ordnen und mit ihrem Haushalt nach London zu übersiedeln: „Ich werde möglicherweise für ein paar Tage nach Paris fahren, und in vier Tagen bin ich in Genf, um alles in

Ordnung zu bringen, um mich hier für ein paar Monate niederlassen zu können. Mein Husten ist schon fast vorbei. Jetzt bin ich auch viel gesünder und stark. Ich liebe das englische Essen mit Beefsteak und gutem Porter. Es tut mir gut. Und ich habe immer noch die Hoffnung, Dich zu sehen, da Du sehr incognito kommen kannst. Ich habe es gern, so viele Leute vorbeigehen zu sehen, es ist so lebendig. Es ist unmöglich, traurig zu sein. Und Traurigkeit hat mir in Genf so weh getan."[185]

Bereits sieben Tage später teilte Lola dem erstaunten Ludwig aus Genf mit: „Wenn Du wüßtest, wie schlecht hier die Leute sind, dann wärest Du nicht überrascht, daß ich hier nicht leben will. Es ist wirklich unmöglich. London ist groß. Niemand kümmert sich um seinen Nachbarn. Vor der Schweiz empfinde ich wirklich Schrecken und vor allem vor den Leuten."[186]

Ludwig zeigte sich endlich einverstanden mit ihrem Umzug und meinte: „Wenn Du eine Vorliebe für England hast, dann bin ich nicht dagegen, daß Du Dich dort niederläßt. Aber Du mußt überlegen, ob das Klima gut für Deine Gesundheit ist. Ich erinnere mich, daß Nebel sehr schlecht für Deine Gesundheit gewesen ist. Du mußt auch daran denken, daß es das teuerste Land ist, in dem Du leben kannst und ich Dir nicht mehr als gegenwärtig geben kann (...) Ich zweifle, ob ich nach London komme. Jetzt kann ich nirgendwohin. Ich kann München jetzt nicht verlassen."[187]

Auf ihrer Umzugsfahrt nach England schrieb Lola am Weihnachtstag an Ludwig aus Paris:„Mein sehr geliebter Luis, (...) Hier bin ich gestern um zehn Uhr nachts angekommen, und diesen Nachmittag fahre ich nach Boulogne weiter. Morgen segeln wir nach England. Ich bin sehr müde, und die Reise kostet viel Geld. Pferde und Kutsche sind vorausgefahren. Die Reise ist sehr teuer, und ich muß für Pferde, Kutsche und mein Silber beim Zoll viel zahlen, aber ich will Dir nichts einreden. Wirklich, ich bin so sparsam wie möglich. Ich habe alle meine Gemälde und andere Luxussachen, die zum Kaufen teuer sind, aber im Moment beim Verkauf nichts einbringen, von Genf wegschicken lassen – auch mein ganzes Kristall, Porzellan und die Bronzen. Aber die Leute sagen mir hier, daß die Zollgebühren nach England so hoch sind. Ich muß meinen Schmuck verkaufen, um die Reise zu bezahlen, den Zoll und alles andere. Die großen Möbel will ich in Genf verkaufen, wenn es möglich ist. Ich bin ganz allein in diesem traurigen Hotel, mein geliebter Louis. Was für ein Unterschied zum letzten Jahr, als Du bei mir gewesen bist."[188]

Auch Ludwig erinnerte sich wehmütig an die glückliche Vergangenheit: „Ich wollte meiner geliebten Lolitta die ersten Veilchen des Winters schicken, aber im Winter blühen sie für mich nicht mehr. Ich bekomme sie nicht mehr. Es ist eine Kleinigkeit, aber sie läßt mich den vollkommenen Wechsel meiner Lage fühlen. Ich kann sagen, daß ich es hier auf Schritt und Tritt fühle, daß ich nichts mehr zu sagen habe."[189] Zum Weihnachtsfest schickte er ihr einen „Miniatur-Almanach" als Geschenk.

So ging das ereignisreiche Jahr 1848 zu Ende. Die Revolution hatte Europa erschüttert, Tausende von Toten waren zu beklagen; sie brachte aber auch mehr Demokratie – wie Pressefreiheit, Bauernbefreiung und ein erweitertes Wahlrecht. Manche Könige und Fürsten verloren ihre Macht – wie König Louis Philippe in Frankreich, Ludwig I. in Bayern und Fürst Metternich in Österreich. Auch der ehemalige Verehrer Lolas, Heinrich VXXII. von Reuß-Ebersdorf, musste abdanken und sein kleines Fürstentum verlassen. Leider kamen die versammelten Abgeordneten in der Frankfurter Paulskirche zu keiner Übereinstimmung in der zukünftigen politischen Ausrichtung Deutschlands; das Parlament drohte zu scheitern und damit die angestrebte nationale Einheit Deutschlands.

Auch für die Gräfin Landsfeld alias Lola Montez ging ein Kapitel zu Ende. Sie sagte der Schweiz und ihrem Exildasein Adieu und strebte England entgegen, um dort eine neue Rolle auf der Bühne ihres Lebens anzutreten.

*„ein ganz verblendend,
sengend Licht“*

Ein missglückter Auftritt

MISTRESS HEALD – DIE BIGAMISTIN

Spielzeit 1849 bis 1851

In London

„Mein Haus ist in der Nähe zum Hyde-Park, Curzon Street. Ich habe ein kleines Haus gemietet, für vier Guinees die Woche, was wenig ist“[190], teilte Lola Ludwig beruhigend mit. Während sie in London versuchte, ihr Leben neu zu erfinden, schwelgte Ludwig in alten Erinnerungen: „Vor einem Jahr haben die Studenten während des Dejeuner dansant einen Aufstand gemacht. Ich ging zu Deinem Haus, um Dich zu bitten, es nicht zu verlassen. Trotzdem bist Du gegangen, bist zum Platz gegangen, hast Schutz in der Theatinerkirche gesucht und Zuflucht in meinen Räumen. Als ich auf die Straße hinausging, sagte ich zu mir selbst: ‚Kommst Du zurück? – Ich weiß nicht, was macht es auch. Du gehst zu Deiner Lolitta.‘ / / In dieser Nacht, dem Jahrestag, daß ich das letzte Mal in Deinem Zimmer war (…) Diesen Morgen vor einem Jahr sah ich Dich das letzte Mal in Deinem Haus und am Nachmittag in meinen Räumen. // Heute vor einem Jahr war der schreckliche Tag der schrecklichen Katastrophe. Ich möchte zu Deinem Haus zur gleichen Stunde gehen wie damals, in Lebensgefahr, um mein Versprechen zu halten, Dich zu retten. Das einzige, was mir an diesem Tag passiert ist, war ein Stein, der meinen Arm traf.“[191]

Inzwischen fing Lola in London an, sich in Gesellschaft zu begeben, besuchte Theatervorstellungen und freute sich: „Ich bin hier ganz glücklich und habe heute ein paar von meinen Juwelen ganz gut verkauft."[192]

Indessen hatte Ludwig herausgefunden, was er bereits ahnte: „Ich hatte schon meine Vermutungen, daß Du im letzten Winter mir untreu gewesen bist, jetzt habe ich die Sicherheit. Du hast Peißner geliebt und oft mit ihm geschlafen, nicht nur mit ihm, sondern auch mit L. Leibinger (…) Bitte sag mir ehrlich, ob Du Liebesgeschichten hast und ob sie vom Herzen oder nur vom Körper kommen. Lolitta kann nicht lange ohne den einen oder anderen sein (…) Weil Du mir untreu gewesen bist, werde ich selbst nicht mehr mit ‚Dein treuer Luis' unterschreiben, was aber nicht heißt, daß ich es nicht mehr bin."[193] Lola versuchte sich zu rechtfertigen: „Dein letzter Brief hat mir große Schmerzen und Tränen bereitet (…) Niemand hat in München mit mir geschlafen außer Dir (…) Jeder kann das Gegenteil behaupten, aber es stimmt nicht, bei Gott im Himmel. Mein Gewissen ist rein. Wenn ich heute sterben müßte, dann wären meine letzten Worte, daß Du (seit dem Tod von Dujarier) der einzige Mann gewesen bist, den ich wirklich geliebt und umsorgt habe."[194]

Mit der Zeit zeigte sich wieder ein finanzieller Engpass. Lola zog in ein kleineres Haus in der Half Moon Street 27. Sie entließ ihren Schweizer Diener Samuel und schließlich auch den bayerischen Kutscher Georg, da sie keine Pferde mehr unterhielt. Trotzdem beschäftigte sie noch „zwei Diener, Marianne (= Verwandte von Rufenacht) aus der Schweiz und eine Frau, die kocht und die Hausarbeit" machte.[195] Noch immer hatte sie ihre zwei Hunde, den Schoßhund Zampa und die Bulldogge Turk, bei sich. Um sich zu beschäftigen und eventuell auch Geld damit zu verdienen, begann sie zu schreiben, wie sie Ludwig mitteilte: „Jetzt gerade schreibe ich ein kleines Buch mit dem Titel ‚Contes orientales'. Wenn es der Veröffentlichung wert ist, würde ich es gerne Dir widmen, wenn Du mich läßt."[196]

Ihre Pläne, nach Spanien in die Wärme zu reisen, musste sie nach langen Bemühungen, einen gültigen Pass zu bekommen, aufgeben. Der bayerische Reisepass war abgelaufen und Ludwig weigerte sich standhaft, ihr einen neuen auszustellen, zumal er nicht einsah, warum sie von der spanischen Botschaft in London als gebürtige Spanierin keinen bekommen könne. Aber Lola war auch hier um eine Antwort nicht verlegen und erklärte, dass sie mit Erhalt der bayerischen Staatsbürgerschaft und der Erhebung zur Gräfin Landsfeld die spanische Zugehörigkeit verloren hätte. Einen britischen Pass wünschte sie auf keinen Fall, denn um diesen zu bekommen, hätte sie ihre wahre Identität offenbaren müssen. So versuchte sie, sich einen falschen Pass zu besorgen.

Diese Wochen im englischen Frühsommer bedrängten Lola in jeder Hinsicht. Sie hatte wenig Geld, obwohl Ludwig ihr regelmäßig die monatlichen Zuwendungen überwies; sie langweilte sich und litt häufig unter Migräne. Zudem kamen Ludwigs Briefe seltener: „Warum schreibst Du mir nicht mehr so oft wie früher? Ich bekomme nur selten Briefe. Das Allerletzte wäre jetzt für mich, daß Du mich nicht mehr liebst (…) Du bist mein Ideal, alle anderen Männer sind niedrige Seelen, Sklaven dieser Welt, eigennutzig, ohne einen Sinn für Größe (…) Laß mir etwas Platz in Deinem Herzen."[197]

Aber zugleich blitzte ein neuer Gedanke auf, der eine dauerhafte Wendung in ihrem zukünftigen Leben versprach. Sie dachte an die Wiederaufnahme einer Rolle, die ihr nicht unbekannt war: „Viele Leute hier sagen mir, daß ich zu jung bin, um ohne Gatte und Liebhaber zu leben."[198]

Zweite Heirat

Bereits in früheren Zeiten hatte sie mit Ludwig eine eventuelle Versorgungsheirat diskutiert: „Es gefällt mir, daß Du meinst, ich soll heiraten, aber vergiß nicht, daß ich keine Frau in ihrer ersten Jugend bin und mit all den Zeitungsgeschichten, die in München über mich verbreitet wurden, und vor allem ohne Geld, und im 19. Jahrhundert wäre es ein Wunder, einen respektablen Ehemann zu finden. Es wäre möglich, wie in Genf, einen verrückten Jungen zu treffen (= Graf Julius von Schließen), der noch nicht einmal zwanzig ist und gedankenlos die

Heirat verspricht, ohne die Einwilligung seiner Eltern zu haben. Aber einen Mann aus guter Familie in einer besonderen Position zu bekommen, ist nicht mehr möglich."[199]

Für die faszinierende Lola war allerdings nichts unmöglich! Bei einem Spaziergang im Hyde Park fiel sie einem jungen Leutnant auf, der dort ebenfalls seinen Hund ausführte. Über die Tiere kamen sie ins Gespräch und dem jungen Mann wurde erlaubt, sie zu besuchen.

Leutnant Heald kam aus einer mehr als wohlhabenden Familie, war eben volljährig und damit Erbe des väterlichen Vermögens geworden. Er umwarb Lola heftig, und eingedenk ihrer zukünftigen finanziellen Absicherung stimmte Gräfin Landsfeld einer baldigen Heirat zu. Sie informierte Ludwig im fernen Bayern: „Ich schreibe Dir über etwas sehr Wichtiges. Ich will bei allem von Deiner Meinung geleitet sein. Vor einiger Zeit hat mir ein junger Offizier aus der Leibgarde, eines der angesehensten Regimenter in England, große Aufmerksamkeit entgegengebracht. Weil aber viele Leute das bei mir so machen, habe ich nicht so sehr darauf geachtet. Aber vor drei Tagen ist er in mein Haus gekommen und hat förmlich gebeten, ihn zu heiraten (...) ich bin in diesen Herrn nicht verliebt, es ist ein vollkommen anderes Gefühl: eine gute Meinung und Respekt für seinen Charakter und seine ehrenwerte Position. So bin ich nicht allein auf der Welt ohne Schutz jeder Beleidigung ausgeliefert (...) Aber wenn Du mir erlaubst zu heiraten, werden alle unsere Beziehungen weiter die gleichen bleiben (...) Bitte verlier keine Zeit, mir zu schreiben. Ohne Deine Einwilligung für ein lebenslanges Einkommen würde die Familie des Herren die Heirat nicht erlauben."[200]

Aber noch bevor Ludwig antworten konnte, ehelichte Gräfin Landsfeld den 21-jährigen, eben volljährig gewordenen George Trafford Heald, eine der besten Partien in London. Er war einziger Sohn und Erbe von George Heald und Emma, geborene Trafford, von Marylebone in London. Die Familie seiner Mutter besaß ausgedehnte Ländereien in Horncastle und in Wroxham Hall. Lolas Bräutigam war in Eton und Cambridge ausgebildet worden und erwarb nach Abbruch seines Studiums ein Offizierspatent als Leutnant des zweiten Gardekavallerie-Regiments (Life guards).[201] Sein jährliches Einkommen wurde auf etwa 7000 bis 8000 Pfund Sterling geschätzt; Ludwig erfuhr bei seinen Nachforschungen von 4000 und Lola schrieb nur von 800 Pfund, da sie um ihre monatliche Pension aus Ludwigs Kasse fürchtete. Zum Vergleich: Damals bezahlte man für ein Haus 50 Pfund Jahresmiete, und mit 250 Pfund Jahreseinkommen zählte man bereits zu den Besserverdienenden.[202]

Am 19. Juli 1849 trat Lola mit Heald vor den Traualtar: zuerst in der katholischen Kirche in der King Street (wahrscheinlich um ihre spanische Herkunft zu bekräftigen) und danach in der anglikanischen St. Georgs-Kirche am Hanover Square. Die Braut, als Witwe eingetragen, gab als Geburtsort Sevilla an und unterschrieb die Heiratsurkunde mit „Maria de los Dolores de Landsfeld".[203]

Das junge Paar verbrachte die Flitterwochen zum Teil in Lolas Haus in der Half Moon Street sowie in Healds ererbtem Besitz namens Berrymead Priory, einem hübschen, geräumigen Landhaus mit gotischen Fenstern und zahlreichen Kaminen in einem weitläufigen Park.[204] Sie reisten auch für einige Tage nach Dublin, wo Königin Viktoria gerade zu Besuch weilte, sowie anschließend nach Greenwich und Trafalgar.[205]

Jedoch blieben die glücklichen Tage nicht lange ungetrübt. Healds Familie (insgesamt acht ledige Onkel und Tanten), vor allem seine alte Tante Susanna, die ihn großgezogen hatte, erhoben nur wenige Tage nach der Hochzeit Anklage wegen Bigamie gegen die frischgebackene Ehefrau. Sie hatten in Erfahrung gebracht, dass Gräfin Landsfeld bereits verheiratet und demnach eine Mrs. James war.

Am 6. August 1849 bestellte Inspektor John Whall Mrs. Heald zur Einvernahme auf das Polizeirevier. Lola war aufgebracht, Heald verständigte seinen Anwalt, denn die erste gerichtliche Vernehmung war schon für den Nachmittag anberaumt worden.

Einen Tag später berichtete die *Daily News* über die Eröffnung des Bigamieprozesses: „In den Zugängen zu dem Polizeigerichtshof in der Marlboroughstreet war gestern ein großes Gedränge da verlautete, daß Lola Montez, die als Gräfin von

Landsfeld bekannte Lady, wegen Bigamie verhaftet und vor dem Magistrat zum Verhör gebracht werden sollte. Man hatte Anordnung getroffen, die Überfüllung des Gerichtssaales zu verhüten. Mr. Clarkson trat als Ankläger, Mr. Bodkin als Verteidiger auf. Am 6. August, um 13.30 Uhr, erschien die Gräfin von Landsfeld am Arm von Mr. Heald, ihr jetziger Gemahl, und man stellte ihr einen Sessel vor die Schranken. Mr. Heald durfte neben ihr sitzen. Die Dame zeigte sich nicht im mindesten verlegen und lächelte mehrmals, wenn sie mit ihrem Gatten flüsterte. Sie gab ihr Alter mit 24 Jahren an, sieht aber wie eine Frau mit 30 aus. Sie trug ein schwarzseidenes Kleid mit einem den Körper eng umschließenden schwarzsamtenen Mieder, einem blau ausgeschlagenen weißen Strohhut und einem blauen Schleier. Von Gestalt ist sie mittelgroß und ziemlich rund. Mit ihrer bleichen, dunklen Gesichtsfarbe kontrastieren zwei ungewöhnlich große blaue Augen, die von langen schwarzen Wimpern umschattet sind. Ihr mutmaßlicher Ehemann, Mr. Heald, ist ein schlanker junger Mann von sehr jugendlichem Aussehen, mit straffen Haaren und dem Anflug eines blonden Schnurrbärtchens. Die aufgestülpte Nase gibt ihm ein sehr einfältiges Aussehen. Jedoch würde seine Heirat auch bei der schönsten griechischen Nase eben nicht auf geniale Begabung schließen lassen. Während des ganzen Verfahrens hielt er eine Hand der Gräfin in seinen eigenen und drückte sie zuweilen mit Inbrunst. Manchmal flüsterte er ihr mit der zärtlichsten Miene ins Ohr und preßte ihre Hand mit Wärme an die Lippen."[206]

Lola leugnete nicht, dass sie mit Thomas James verheiratet, jedoch von ihm am 15. Dezember 1842 „von Bett und Tisch" geschieden worden war. Sie führte an, dass Lord Brougham später im Parlament die gänzliche Scheidung erreicht hätte und sie daher befugt sei, wieder zu ehelichen. Da ihre letzte Aussage sich bald als falsch herausstellte, war sie zum Zeitpunkt ihrer zweiten Verehelichung noch mit Thomas James verbunden, wenn auch getrennt lebend. Nun musste jedoch die Frage geklärt werden, ob ihr erster Ehemann noch am Leben war. Weil dazu Nachforschungen in Indien bei seinem Regiment nötig wurden, beantragte Lolas Verteidiger mit Erfolg, dass seine

Mandantin einstweilen gegen Kaution auf freien Fuß gesetzt werde. Kopfschüttelnd meinte dieser denn auch: „Nie habe ich einen Fall von Bigamie gesehen, in dem weder der erste noch der zweite Ehemann als anklagende Partei auftrat."[207]

In der Presse äußerte sich inzwischen Kritik am geltenden Scheidungsverfahren, da es zu unübersichtlich, langwierig und teuer war, um eine echte Scheidung der Ehepartner zu erwirken: „In jedem anderen civilisirten Lande, wo es Ehescheidungen giebt, werden sie von einem Gerichtshofe ausgesprochen; die widersinnige und verwickelte englische Procedur ist anderwärts unbekannt. Wie sollte eine Ausländerin wissen, daß in England eine Ehe nur durch einen dreifachen, vor drei verschiedenen Tribunalen betriebenen Prozeß definitiv und vollständig getrennt werden kann?"[208]

In der folgenden Verhandlung ließ der Anklagevertreter eine Reihe von Zeugen vor dem Gericht aussagen. Es erschienen neben anderen vor allem Kapitän Ingram und seine Frau, auf deren Schiff Lola als junge Mrs. James von Indien nach England segelte; auch der Bruder ihres ersten Mannes, Reverend John James, der sie getraut hatte, sagte aus, ebenso ihre Schwägerin aus erster Ehe. Alle waren erschienen – nur nicht die angeklagte Lola. Sie hatte sich mit Mr. Heald heimlich nach Frankreich abgesetzt. Die Flucht aufs Festland war ein nicht unübliches Vorgehen, wenn Engländer sich einer drohenden Strafe oder ihren Gläubigern entziehen wollten.

Flucht auf das Festland

Die fliehenden Healds reisten zunächst nach Paris, dann weiter nach Marseille und Italien. Sie besuchten Rom und Neapel, mussten dort aber hören, dass, wenn sie nicht schleunigst nach London zurückkämen, ihre hohe Kautionszahlung von 2000 Pfund verfiele. Rechtzeitig kehrten sie am 7. September zurück, erfuhren in London von ihrem Anwalt, dass – nachdem Lolas erster Ehemann am Tag ihrer Trauung noch am Leben war – nunmehr ein Strafprozess beim obersten Gericht Eng-

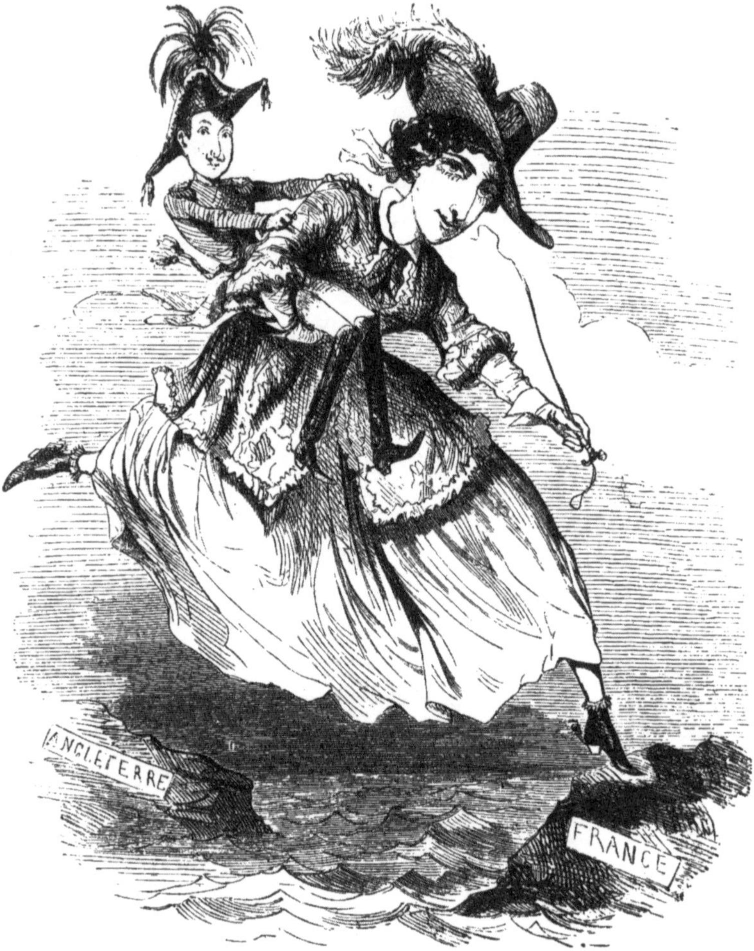

Die Bigamistin: Lola Montez entfloh 1849 dem Zugriff des britischen Gesetzes in Begleitung ihres zweiten Gatten, George Trafford Heald, nach Frankreich. – Karikatur von H. Emy, aus: „Le Journal pour Rire", Paris 1849.

lands, dem Old Bailey, anhängig war. Womöglich drohte Lola nun bei ungünstigem Ausgang des Bigamie-Prozesses eine Gefängnisstrafe. Bereits am 10. September flüchtete Mrs. Heald sich wieder auf französischen Boden und wartete in Boulogne auf ihren zweiten Ehemann.

Von der Anhörung am 12. September 1849 berichtete *Le Courier de l'Europe* in seiner Londoner Ausgabe: „Die Menge ist nicht größer als sonst und wird von dem ununterbrochenen Regen ferngehalten. Clarkson sagt, daß Lola Montez' Anwälte ihn informieren, daß sie nicht erscheinen wird, daß Miss Heald es als ihre Pflicht ansehen wird, Ihren Neffen aus den Klauen von Lola Montez zu befreien und Verfall der Bürgschaft verlangt. Dem wurde nachgekommen. Es besteht das Gerücht, daß die Healds nicht kommen wollen, das zu riskieren und nach Frankreich entflohen sind."[209]

Wieder reisten die Healds über Paris nach Marseille, um sich dieses Mal nach Spanien einzuschiffen. In Barcelona gab es die ersten handfesten Streitigkeiten zwischen Lola und Heald. Angeblich verletzte sie ihn dabei mit einem Messer, er ergriff die Flucht, kehrte aber reumütig zur Versöhnung zurück. Am 17. Dezember landete das Paar mit dem Küstendampfer in Cadiz. Von neuem gab es Auseinandersetzungen. Am Weihnachtstag flüchtete Heald heimlich nach England. Lola klagte ihr Leid angesichts dieses unbrauchbaren Ehemanns brieflich ihrem „geliebten Louis": „Schon wieder hat mich mein Mann verlassen, wie in Barcelona. Er ging am Morgen für einen Spaziergang weg und ist nicht mehr wiedergekommen. Er ist nach London. Ich kann Dir nicht sagen, wie unglücklich ich bin. Er hat mich wie das letzte Mal ohne Geld zurückgelassen. Ich habe nur noch 500 Francs. Er hat mir in einem Brief geschrieben, daß er nichts gegen mich hätte, aber daß es seine Idee und sein Trieb wäre. Welch ein Skandal, ich bin in einer schrecklichen Lage. Hier kann mir niemand helfen. Ich bin in meinem Bett, sehr krank. Deine Lolitta ist nicht mehr die schöne Lolitta, die Du gekannt hast. Ich bin schrecklich dünn. So viel Traurigkeit ist zuviel. Was kann ich machen? Welch ein Fehler, so einen Mann zu heiraten. Dieser Mann hat nicht Herz und Ehre eines Gentleman.

Sein Benehmen zu mir war mehr als grausam, es war brutal. Er hat mich, ans Bett gefesselt, verlassen. Im Bett, ohne Geld, ohne Freunde! So handelt kein Gentleman, und dazu hat er so viele Lügen erzählt. Er ist ein Dummkopf ohne Geist (...) Du bist mein einziger, einziger Freund (...) Seitdem mich Herr Heald verlassen hat, am Geburtstag unseres Herrn, habe ich niemanden empfangen und mit niemanden gesprochen (...) Ich bin verloren. Adios, mi siempre querido Louis. Schreib mir sofort. Dein Brief wird Balsam für meine arme Seele sein (...) Schreib mir an die Fonda de l'Europe, Cadiz, Spanien."[210]

Ludwig, der ihr nach wie vor verbunden war, half wiederum mit seinen monatlichen Wechseln finanziell aus. Lola bezahlte ihre Rechnungen und fuhr ins französische Boulogne, um sich von dort nach vergeblichem Warten inkognito auf die Suche nach Heald zu begeben. Ob sie jedoch wirklich selbst nach London fuhr oder einige Männer mit der Suche beauftragte, bleibt ungewiss.[211] Jedenfalls fand sich Ende März 1850 Heald wieder bei ihr ein, sie versöhnten sich und bezogen ein Haus in Paris.

Alle Reisen, Aufenthalte und Ehestreitigkeiten wurden begierig von der Presse aufgenommen und verbreitet, denn Lola Montez alias Gräfin Landsfeld hatte inzwischen eine Berühmtheit erlangt, die nur mit heutigen Popstars oder gekrönten Häuptern zu vergleichen ist. *Le Siècle* meldete daher auch: „Paris ist in großem Aufruhr. Die Aufregung ist schrecklich. Lola Montez ist wieder zurück in Paris."[212]

Während der Zeit ihrer zweiten Ehe hatte Lola brieflichen Kontakt mit Ex-König Ludwig und von ihm auch beständig finanzielle Zuwendungen erhalten. Allmählich war dessen Leidenschaft aber abgekühlt, und prosaische Fragen beschäftigten ihn. Deshalb hielt ihn auch der bayerische Gesandte in Paris, August von Wendland, in zahlreichen Briefen über die Lebensverhältnisse seiner ehemaligen Favoritin auf dem Laufenden. Am 5. Juni 1850 schrieb dieser[213]: „Die Gräfin Landsfeld befindet sich seit etwa zwei Monaten in Paris; sie wohnt mit ihrem Gemahl Lt. Heald im Quartier Beaujon-Faubourg, im Hôtel Beaujois an der Rue de Poithieu, welches Hôtel sie auf längere Zeit gemietet und sehr elegant eingerichtet haben soll." Lola beschäftige einen Haushofmeister, Kammerdiener, Koch und mehrere Bedienstete, auch unterhalte sie ein „paar Pferde und Wägen". Sie fahre gewöhnlich in einer „eleganten Kalesche" aus „und ihr Mann in einem Phaeton hinter ihr" her. „Die Gräfin Landsfeld soll hier in Paris ihren bleibenden Wohnsitz zu nehmen entschlossen sein", teilte der Gesandte weiter mit. Bisher sei sie aber nur beim Pferderennen und in den Champs Élysées öffentlich in Erscheinung getreten. Ein diskret befragter Teppichhändler, der Ware lieferte, bestätigte die sofortige Bezahlung der Rechnungen. Über die weiteren Vermögensverhältnisse von Heald konnte in Erfahrung gebracht werden, „daß er sehr reich" sei und jährlich etwa 160 bis 170 Tausend Franken „Revenue" habe. Welche Abmachungen allerdings hinsichtlich seiner Ehefrau im Heiratskontrakt stünden, konnte der Diplomat bisher noch nicht ausspionieren.

Im nächsten Brief wusste Wendland zu berichten, dass nach der allgemeinen Auffassung Leutnant Heald Lola Montez keine jährliche Summe ausgesetzt habe und dass dieser „sich wohl hüten werde, dies zu thun, da ja sein Leben auf diese Weise jeden Augenblick in Gefahr wäre"[214]. Der bayerische Gesandte gab hier nur das Gerücht wieder, dass Lola ihren Gatten bereits einmal mit dem Messer attackiert hätte. „Übrigens", fuhr Wendland fort, „wird Lt. Heald als ein sehr schwacher völlig charakterloser Mann geschildert, der seiner Frau gegenüber keinen Willen haben soll, und von ihr unbedingt geleitet wird (...) Es scheint, daß sie den Namen ihres Mannes nur neben dem andern führt, jedenfalls stellt man alle Rechnungen auf den Namen der Gräfin L. aus, auch nennt man sie hier nirgends anders."[215]

Trennung und Abschied

Am 2. Oktober 1850 forderte Gräfin Landsfeld-Heald aus Paris die Londoner Anwälte Davies Son & Campbell auf, ihrem Anwalt Henry Wellington Vallance all ihre Dokumente, Briefe und Papiere auszuhändigen; ebenso „gewisse Briefe von seiner Majestät König Ludwig von Bayern an mich vor meiner Heirat addressiert, die in Ihre Hände zur sicheren Aufbewahrung übergeben wurden". Außerdem beauftragte sie ihren Anwalt, ihre Rechte gegenüber Heald zu wahren und ihren Unterhalt zu sichern, da es offensichtlich sei, dass „Herr George Trafford Heald, mein Gatte, mich verlassen hat ohne jegliche Provokation von meiner Seite (wie es sein Brief an mich in Ihrem Besitz bestätigt)"[216].

Heald war erneut nach England entwichen. Seine Familie hatte alles aufgeboten, „um ihn von der Gräfin zu trennen, und (...) die Heirath in England für null und nichtig" zu erklären.[217] Lola hatte sich nach Boulogne abgesetzt und sich dort angeblich vor der Polizei und ihren Gläubigern auf einem englischen Schiff versteckt. Über die Umstände der Trennung des Paares erfuhr der bayerische Gesandte: „Die unerwartete Abreise ihres Gemahls nach England, den sie sehr unsanft behandelt, und an welchem sie sich mehrmals thätlich vergriffen haben soll, scheint die Hauptursache ihres Verschwindens von Paris. Sie hatte eines Nachts durch eine Hinterthür ihres Gartens einen Theil ihres eleganten Mobiliars forttransportieren lassen, wurde jedoch bald dabei gestört, und an dem weiteren Wegschaffen der Meubles gehindert, da dieselben ebenso wenig wie die Miethe des Hauses bezahlt sind. Der Hausherr ließ das Haus schließen, und durch die Polizei Recherchen nach der Gräfin anstellen."[218] Dem Pfarrer von der Kirche Madeleine hatte Lola anvertraut, dass sie ohne Geld zurückgeblieben sei; auch habe ihr Mann ihren gesamten Schmuck mitgenommen.[219]

Ludwig im fernen Bayern war nun in Sorge um seine Briefe an Lola, die diese ihm zurückgeben wollte, und fürchtete – nachdem die Ehe für ungültig erklärt worden war –, dass Lolas Gläubiger sich eventuell an ihn wenden könnten. Aber Lola Montez hatte bereits eine neue Geldquelle aufgetan: Die Pariser Zeitungen meldeten im Dezember 1850, „daß die Gräfin ihre Memoiren herauszugeben gedenkt, und daß diese schon in nächster Zukunft erscheinen sollen"[220].

Ludwigs Sorgen waren trotzdem nicht ganz unbegründet, denn bereits im Juni 1850 hatten Lola finanzielle Nöte geplagt

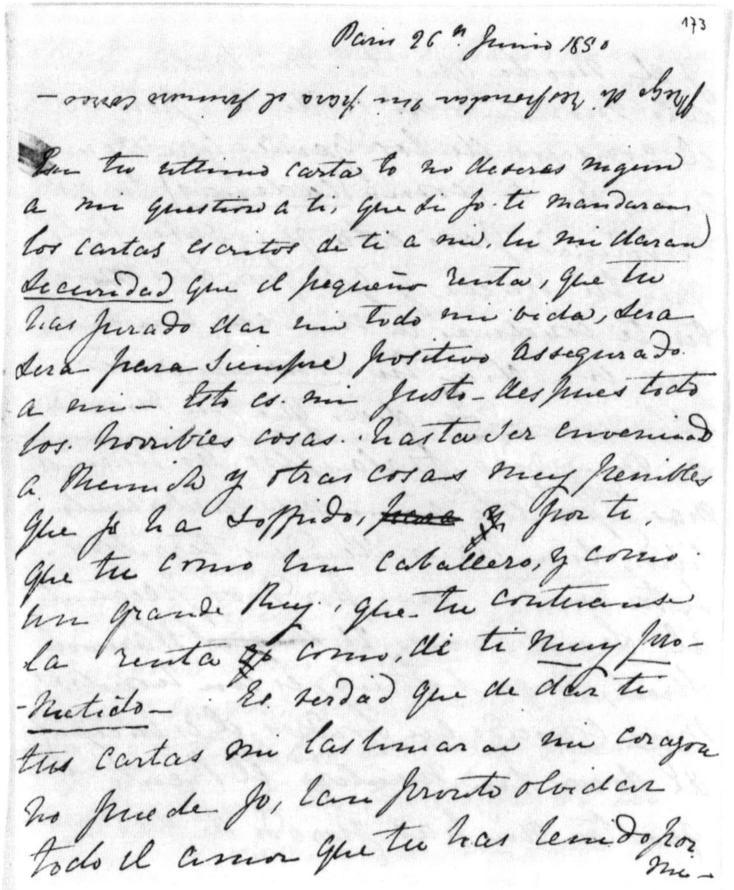

Paris 26th Junio 1850

Por tu ultimo carta tu no deceras ningun
a mi question a ti, que si yo te mandaran
los cartas escritos de ti a mi, tu mi daran
securidad que el pequeño renta, que tu
tuvas jurado dar mi todo mi vida, sera
sera para siempre positivo assegurado.
a mi — esto es mi justo — despues todo
los horribles cosas. hasta ser envenenado
a Munich y otras cosas muy terribles
que yo ha soffrido, y por ti.
Que tu como un Caballero, y como
un grande Rey, que tu continuase
la renta como, de ti muy pro-
-metido — Es verdad que de dar te
tus cartas mi lastimar a mi corazon
no puede yo, tan pronto olvidar
todo el amor que tu has tenido por
mi —

Der Briefwechsel: Schreiben der Lola Montez an König Ludwig I. von Bayern vom 26. Juni 1850 aus Paris, in dem sie für die Rückgabe der Korrespondenz eine finanzielle Ablöse verlangte.

und sie hatte versucht, auf Ludwigs Portemonnaie Druck auszuüben, indem sie schrieb: „Ich brauche das Geld für dieses Jahr. Wenn Du willst, wäre es mir sehr lieb, daß Du mir für alle Papiere und Briefe von Dir, die ich habe, eine Summe auszahlst. Dann sprechen wir nicht mehr über Geld, wenn Du das tun würdest, bräuchtest Du mir die Pension nicht mehr länger zahlen (...) Ich weiß, daß Deine Briefe sehr wertvoll sind, und wenn mir etwas passiert, könnten andere damit machen, zu dem ich nicht fähig bin, obwohl viele Verleger hier und in London mir viel Geld dafür angeboten haben, um sie in Englisch oder Französisch zu veröffentlichen. Viele geben mir verschiedene Ratschläge. Einige, daß ich die Memoiren über mein Leben in München veröffentlichen soll, was sicher Geld bringen würde."[221]

Comte de Corail und Charles Joseph Brifaut schrieben nun nach Lolas Erzählungen die Memoiren, welche in wöchentlichen Fortsetzungen ab dem 8. Januar 1851 in der Zeitschrift *Le pays* erscheinen sollten. Hierbei handelt es sich aber nicht um eine eigentliche Autobiografie, sondern eher um märchenhafte Berichte über ferne Länder und Fürsten, über Abenteuer und Kabalen, welche die schöne Heldin zu bestehen hatte. Obwohl diese Art von Literatur damals in Blüte stand, wurden bereits im Frühling 1851 die Folgegeschichten nicht mehr veröffentlicht, da die Zeitschrift sich politisch neu ausrichtete und keine pro-monarchischen Aussagen mehr veröffentlichen wollte. Dennoch hatte Lola einige Tausend Francs damit verdient.

Am 26. März 1851 empfing Ludwig Lolas letzten Brief, indem sie wieder um Geld flehte: „Oh, Ludwig, habe Erbarmen. Denke daran, daß Dich Lolitta bittet, die für Dich immer dieselbe gewesen ist."[222] Aber Ludwig antwortete nicht. Vielmehr verfasste er im Mai 1851 ein verabschiedendes Gedicht[223]:

An Lola

Die Krone habe ich durch Dich verloren,
Ich grolle aber Dir darum doch nicht,
Die Du zu meinem Unglück bist geboren,
Du warst ein ganz verblendend, sengend Licht!

Sei glücklich! Dieses rufet meine Seele,
Aus ewig weiter Ferne her Dir nach;
Den Weg des Heiles endlich nun erwähle;
Das Laster bringt Verderben nur und Schmach.

Den besten Freund, der jemals Dir geworden,
Du stießest treulos ihn von Dir,
Verschlossen waren Dir des Glückes Pforten,
Bloß folgend Deiner lüsternen Begier.

Fürs Leben bleiben immer wir geschieden,
Und nie und nimmer sehen wir uns mehr,
Laß mir des Herzens schwer errungnen Frieden,
Das Leben lastet ohne ihn so sehr.

Seitdem Heald in England weilte und dort der Annullierung ihrer Ehe zugestimmt hatte, war Lola wieder in ihre alte Rolle einer Bohemienne geschlüpft. Sie gab in ihrer Wohnung in der Rue de St. Honoré 420, die ihr Freund Michel de Corail bezahlte, Abendgesellschaften für Personen aus Politik, Kunst, Theater, für Journalisten sowie wohlhabende Müßiggänger und hatte eine kurze Affäre mit dem reichen Botschafter aus Nepal. Von Ludwig erhielt Lola seit Juli keine Wechsel mehr, ihr Ex-Gatte Heald zahlte ihr einstweilen einen Unterhalt von 50 Pfund[224], und so besann sie sich ihrer vormaligen Rolle als Tänzerin.

Lola nahm Unterricht bei Mabille, einem berühmten Tänzer. Dieser choreografierte für sie sechs Tänze, darunter eine Tarantella, aus der später Lolas berühmt-berüchtigter „Spider Dance“ (Spinnentanz) hervorging.[225] Fünf Jahre war Lola nicht mehr aufgetreten. Nach einigen Wochen harten Trainings begann sie im September 1851 ihre Tanzkarriere von Neuem. Am Abend, bevor sie ihre Tournee startete, dichtete Lola:

„Freie Tochter der Lüfte, ich habe meine Flügel wiedergefunden / wie ihr leichten Schwalben im Frühjahr. / Ich springe: auf die Bühne, wo ich morgen auftreten werde. / Werde ich Freunde haben, die mir die Hand geben?“[226]

Lola Montez ging auf Tournee, die mehr oder minder erfolgreich verlief; sie trat ab Mitte September in Boulogne, dann in Brüssel, Gent, Antwerpen und Aix-la-Chapelle auf; ihre geplanten Vorstellungen in Köln, Koblenz, Düsseldorf, Mainz und Frankfurt am Main wurden jedoch nicht genehmigt. So tanzte sie weiter in Frankreich: in Bordeaux, Montpellier, Lyons und wiederum in Boulogne.

Als Lola am 6. November 1851 nach Paris zurückkehrte, war sie bereits fest entschlossen, in die Vereinigten Staaten zu fahren, um dort ihr Glück zu machen. Denn in ganz Europa waren die Monarchien durch die Revolution von 1848/49 erschüttert worden. Frankreich war inzwischen republikanisch, und ein bürgerlicher Geist gab den Ton an. Das war natürlich auch in Paris spürbar: Die Zeit der großen Kurtisanen ging zu Ende und die bürgerliche Bohème war eher arm als reich – und so konnte Lola Montez nicht wieder gänzlich in ihre alten Rollen zurückfallen. Die reichen Galane wurden rar. Deshalb musste sich Lola ihrer eigenen beruflichen Fähigkeiten besinnen. Da auf den europäischen Bühnen jedoch keine neuen Engagements mehr zu bekommen waren, lockte vor allem Amerika mit unbegrenzten Möglichkeiten. Künstlerinnen wie die berühmte Tänzerin Fanny Elßler oder die nicht minder berühmte Sängerin Jenny Lind hatten dort bereits Bühnen und Publikum erobert. Ihnen wollte Lola Montez nacheifern.

Bevor sie allerdings Europa verließ, bereitete Lola Ex-König Ludwig noch eine Überraschung: Anfang Mai 1851 übergab der Ire Patrick O'Brien in ihrem Auftrag Ludwigs Briefe „ganz unerwartet" an Franz Graf von Pocci in der Villa Malta zu Rom, wo Ludwig gerade seinen Sommerurlaub verbrachte.[227] Lolitta verlangte nichts dafür, erhielt aber von Luis dennoch 5000 Francs für ihre Großzügigkeit.[228] Damit war unter ihre spektakuläre Liebesbeziehung endgültig ein Schlussstrich gezogen.

„eine bemerkenswerte und auffallende Erscheinung“

Erfolgreiche Show

LOLA MONTEZ – TÄNZERIN, SCHAUSPIELERIN UND GLÜCKSSUCHERIN

Spielzeit 1851 bis 1856

New York und Ostküste

Am 20. November 1851 segelte Lola Montez mit ihrer Zofe Anna Behr und ihrem Manager Ned Willis auf der *Humboldt* nach New York und betrat am 5. Dezember erstmals amerikanischen Boden.

Mit ihr kam der ungarische Freiheitskämpfer und spätere Nationalheld Lajos Kossuth an Land, der bereits von einer großen Schar Presseleute empfangen wurde, so dass für Lola nur wenige Reporter übrigblieben. Sie ließ sich dadurch jedoch nicht entmutigen, denn sie hatte vor, die Neue Welt nicht nur mit ihrem Tanzen, sondern auch mit der Schauspielerei zu erobern.

Zunächst nahm Lola Montez Kontakt zum Broadway Theater in New York auf. Man riet ihr, die Tänze neu zu choreografieren und in eine vollständige Show einzuarbeiten.

Am 29. Dezember 1851 gab sie vor einem mit 3000 Zuschauern – darunter nur 30 Frauen – ausverkauften Haus ihr Debüt in „Betley, die Tirolerin“. Wegen des großen Erfolgs wurde ihr Broadway-Engagement auf drei Wochen verlängert. Bereits in

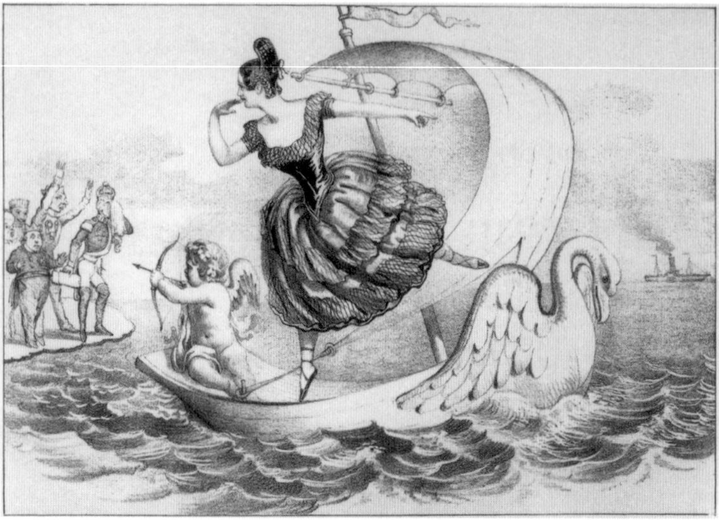

Nach Übersee: Lola Montez wagte 1851 den Sprung über den „Großen Teich" nach Amerika. Die Karikatur zeigt Lolas vor Abschiedsschmerz weinende Verehrer, die in Europa zurückbleiben mussten. – Lithografie eines New Yorker Karikaturisten, um 1852.

der ersten Woche soll sie dem Theater die höchsten Einnahmen seit seinem Bestehen erbracht haben; sie selbst erhielt davon 3400 Dollar.[229] Zum Vergleich: Damals konnte man für 15 Dollar pro Woche eine gute Unterkunft mit Verpflegung erhalten. Als Abschlussvorstellung gab Lola eine Benefizveranstaltung zugunsten der New Yorker Feuerwehr, die 1200 Dollar einspielte. Inzwischen besuchten auch Damen ihre Vorstellungen am Broadway, wie die Presse meldete: „Entgegen allen Erwartungen, wenn nicht eine große Künstlerin, ist sie zumindest die anständigste Tänzerin, die jemals auf der Bühne erschien. Damen kommen nun ebenso schnell wie zu Fanny Elssler, um ihre Vorstellung zu sehen (...) Sie wird so viel Staub aufwirbeln wie Kossuth, aber in ganz anderer und unterschiedlicher Art und Weise. Was ist das für eine komische Welt."[230]

Zu Beginn des neuen Jahres 1852 erkundigte sich Ex-König Ludwig bei seinem Gewährsmann Wendland in Paris über Lolas

„Tanzreise“ in Nordamerika.[231] Mit ihrer Truppe hatte sie sich nämlich inzwischen auf Tournee entlang der Ostküste begeben und trat in den folgenden Wochen in Philadelphia, Washington, Richmond, Norfolk, Boston, Lowell, Portland, Salem, Hartford, New Haven, Albany, Rochester und Buffalo auf. Die monetären Erfolge waren dabei unbestritten, die Kritiker jedoch – wie üblich – geteilter Meinung. Ihre Bewertungen, vor allem des berühmt-berüchtigten „Spinnentanzes“, schwankten zwischen „unanständig“, „miserabel“ und „großer Ausdruckskraft“.

Wie immer widersprach Lola Montez den Anwürfen in der Presse, die sich hauptsächlich auf ihr Vorleben in Europa bezogen, wortgewaltig in veröffentlichten Leserbriefen oder in kurzen Bühnenansprachen vor dem Vorhang. Zumeist fand sie beim Publikum begeisterte Zustimmung. Ihre Benefizveranstaltungen sowie die Stilisierung als fleißige Künstlerin, die ihr Brot verdienen muss, gingen zu Herzen. Lola war populär, wenn auch nicht unumstritten. Ludwig im fernen Bayern las die Zeitungsartikel aus Amerika und meinte dazu: „Ich stelle fest, daß sie in der Neuen Welt dieselben Streitereien erlebt wie in der Alten Welt. In keiner von beiden findet sie Ruhe (...) Es ist nicht ihre Tanzkunst, sondern die Erinnerung an ihren Aufenthalt in Bayern, die ihr ein so großes Einkommen verschafft.“[232]

Tournee mit „Lola Montez in Bavaria“

Lola startete nun auch ihre Karriere als Schauspielerin. In ihrem Auftrag schrieb Charles Pace ein Bühnenstück, das ihre Münchner Zeit zum Inhalt hatte: „Lola Montez in Bavaria“ umfasste fünf Akte mit den Titeln „Die Tänzerin“, „Die Politikerin“, „Die Gräfin“, „Die Revolutionärin“ und „Die Flüchtende“. Darin wurde Lola als liberale Politikerin, Ratgeberin des bayerischen Königs und verfolgte Freiheitskämpferin dargestellt. Diese Rolle versuchte sie bereits seit ihrer zufällig gemeinsamen Ankunft in Amerika mit dem ungarischen Unabhängigkeitskämpfer Kossuth einzunehmen. Am 28. Juni

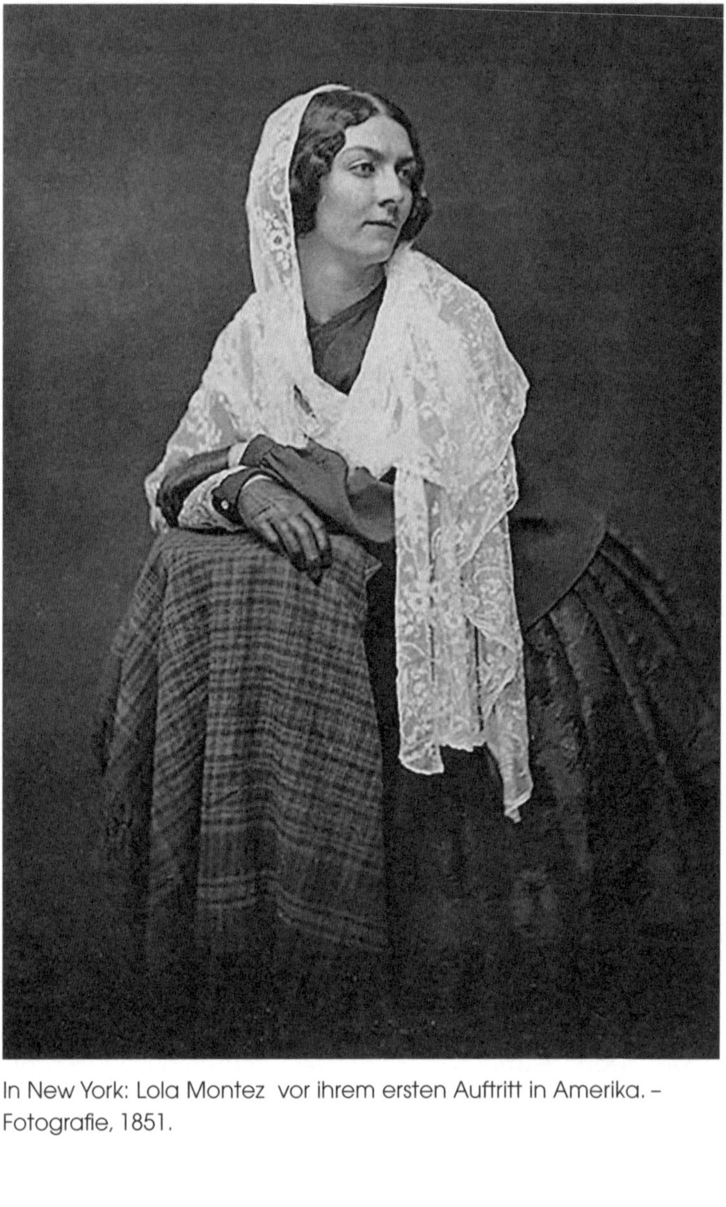

In New York: Lola Montez vor ihrem ersten Auftritt in Amerika. – Fotografie, 1851.

1852 hatte „Lola Montez in Bavaria“ im New Yorker Bowery Theatre Premiere, die gut aufgenommen wurde.

Den Sommer verbrachte Lola in den Catskill Mountains, um sich zu erholen, so dass es eine Weile still um sie wurde. Daher erkundigte sich Ludwig am 20. August bei seinem Gesandten Wendland in Paris nach ihr und meinte, dass er schon einige Zeit nichts mehr über Gräfin Landsfeld gehört habe. Er fragte: „Verstummten die amerikanischen Zeitungen über sie? Weiß man gar nicht wo sie sich befindet und was sie treibt? Am besten, sie bliebe jenseits des Ozeans.“[233]

Im September ging die Gräfin mit „Lola Montez in Bavaria“ und ihren Tanzshows auf Tournee. Gegen Ende des Jahres 1852 stieg sie im „Verandah Hotel“ zu New Orleans ab, um eine Gastspielreise nun auch durch den Süden der USA zu beginnen. In den ersten Monaten des Jahres 1853 trat sie neben New Orleans ebenso in Charleston, Mobile, Cincinnati und Louisville auf, zumeist mit großem Erfolg und – wie könnte es anders sein – mit einigen Skandalen, die ihre Berühmtheit nur noch beförderten.

Die Kunde von dem neuen Theaterstück war inzwischen bis nach Europa gedrungen, denn am 12. Januar 1853 verlangte Ludwig von Wendland Auskunft über ein „gewisses Schauspiel in englischer Sprache“, mit dem Lola Montez in Amerika auftrete.[234] Vergebens bemühte sich daraufhin der Diplomat, „eine Abschrift von dem bewussten Theaterstück zu erhalten“[235]. Bis heute ist kein Exemplar von „Lola Montez in Bavaria“ aufgetaucht.

Dritte Heirat

In Begleitung ihres Dienstmädchens, ihres Managers Henning und ihres Schoßhundes entschloss sich Lola, im Goldenen Westen ihr Glück zu machen. Anfang April 1853 fuhren sie in Richtung Panama, querten dort in einem Treck die 50 Meilen breite Landbrücke und bestiegen im Westen ein Schiff, das sie schließlich in gut zwei Wochen mit Zwischenaufenthalten in

Acapulco und San Diego ins kalifornische San Francisco brachte. Einer der Mitreisenden, Colonel Thomas Ely Buchanan, schrieb über die Begegnung mit Lola Montez an seine Frau: „Sie ist eine flotte Frau, und alles zusammengenommen auch eine sehr bemerkenswerte. Ich fand sie hoch kultiviert und kenntnisreich; ohne sie als schön zu bezeichnen, ist sie doch eine auffallende Erscheinung, und sie besitzt ein Gesicht, das man nicht leicht vergisst."[236]

Am 21. Mai 1853 landete die *Northener* um sechs Uhr morgens im Hafen von San Francisco, wo bereits 5000 Menschen warteten, um die berühmte Künstlerin begeistert zu begrüßen. Ihre Auftritte und sie selbst waren eine Sensation, in einem Land, in welchem auf drei Männer nur eine Frau kam. Die Eintrittskarten wurden versteigert und erzielten zwischen sieben und 20 Dollar, so dass an einem Abend 4500 Dollar in die Kasse kamen.

Zu aller Überraschung heiratete Lola Montez am 12. Juli 1853 Patrick Hull, den Miteigentümer der Zeitschrift *San Francisco Whig*. Lola hatte ihn auf ihrer Reise nach Kalifornien an Bord des Schiffes kennengelernt. Nun veröffentlichten sie ihre Heiratsanzeige im *San Francisco Journal*: „Diesen Morgen wurden in der Holy Church der Mission Dolores von Reverend Father Flavel Fontaine, Kurat, getraut Frau Marie Elise Rosanne Dolores, Gräfin von Landsfeld und Heald, Baroness von Rosenthal, Trägerin des Theresienordens, und Patrick Purdy Hull, Esquire, Leiter der hiesigen Zeitung ‚San Francisco Whig and Commercial Adviser'. Die Hochzeitszeremonie wurde im strengen Ritus der Mutter Kirche abgehalten, erwies sich aber durch ihre Einfachheit als besonders eindrucksvoll. Die angesehene Braut legte auf dem Altar zu Füßen der Jungfrau Maria mit angemessener Demut eine reiche Gabe nieder. Nach der Trauung lud der Kurat die Hochzeitsgesellschaft gastfreundlich in seine Wohnung neben der Kirche ein. Nachdem die Gesellschaft in die Stadt zurückgekehrt war, wurde das glückliche Paar vor ihrer Wohnung im Hause von Mrs. Gates von einigen der höchst angesehenen Vertreter unserer Bürgerschaft erwartet."[237]

War Lola nun eine „Trigamistin“, wie manche Biografen es formulierten? Hatte sie jetzt drei Ehemänner? Nein, denn Lolas zweite Ehe mit Heald war vor Jahren annulliert worden; aber die erste Ehe bestand – wenn auch im Status der Trennung – noch auf dem Papier. Lolas Ex-Ehemann Heald sollte erst drei Jahre später, am 20. Juni 1856, im englischen Folkstone an Tuberkulose und einem entzündeten Darm sterben.[238] Am 2. Juli 1856 meldete der *Cork Examiner* seine Todesanzeige: „Dieser Gentleman war früher ein Offizier des zweiten Regiments der Life Guards und eine der Persönlichkeiten, die mit der berühmten Lola Montes verheiratet waren.“[239] Lolas erster Gatte dagegen weilte noch in Indien. Major Thomas James kehrte erst 1857 als Ruheständler nach London zurück und verheiratete sich Ende 1870 mit seiner langjährigen Geliebten, von der er bereits drei Kinder hatte. Er starb um 1871/72 in seinem Haus an einem Schlaganfall.[240] Somit lebte Lola durch ihre Heirat in Kalifornien wieder einmal in Bigamie. Allerdings störte sich dieses Mal niemand daran.

Patrick Hull, der dritte Ehemann, galt als guter Erzähler – wie viele Iren –, er sah zudem attraktiv aus und verschaffte Lola einen sicheren sozialen Status als amerikanische Ehefrau. Die Verbindung der beiden Iren gestaltete sich turbulent und endete noch im Jahr der Heirat. Zunächst aber ging Lola mit Hull im Schlepptau auf Tournee nach Sacramento, Marysville und in die Goldgräberstadt Grass Valley, wo sie an einem heißen Julitag 1853 in einer Concord-Kutsche ankam.

Heimat in Grass Valley

Grass Valley liegt in Nevada im US-Staat Kalifornien und beheimatete zu Lolas Zeit etwas über 3000 Einwohner – damals die sechstgrößte Stadt in Kalifornien. Ihr mediterranes Sommerklima bringt allerdings im Winter viel Regen und auch Schnee. Dieser Niederschlag lässt Gras und Büsche kräftig wachsen, wovon Grass Valley seinen Namen erhielt. Im Oktober 1850 waren am sogenannten Gold Hill reiche goldtragende

Quarzlager gefunden worden, deren Ausbeutung zahlreiche Goldsucher und Geschäftsleute angezogen hatten, so dass aus dem bescheidenen Grass Valley ein reger Ort mit 15 Quarzmühlen im Umkreis von sechs Meilen wurde. Die idyllisch gelegene Goldgräberstadt bestand aus ein- und zweistöckigen Holzhäusern, besaß zwei Schulen, drei Kirchen, eine Bibelgesellschaft, zwei Sonntagsschulen und einen Nähkreis; Hotel, Restaurant und Buchladen waren vorhanden, ebenso eine Kegelbahn. Eine Bank, eine Agentur der Wells Fargo Express Company sowie eine Zeitung waren ansässig. Zudem gab es an die 50 Saloons, denen auch ein Bordell sowie andere Vergnügungsräume für Box- und Hundekämpfe angegliedert waren. In Grass Valley ging es damals friedlicher zu als in anderen Goldgräberorten des Wilden Westens, da die Stadtbevölkerung einen höheren Anteil an Gebildeten aufwies.[241]

Lolas erste Vorstellung in Grass Valley fand im oberen Stockwerk eines Spielsaloons statt. Die „Alta Hall" war als Theatersaal hergerichtet worden, und Lolas Auftritt zog das Publikum trotz der hohen Eintrittspreise magisch an. Ihre Darbietung wurde derartig bejubelt, dass – so berichteten die Zeitungen – die begeisterten Rufe sogar den Lärm der Quarzhämmer übertönten. Noch einmal spielte Lola in Grass Valley, bevor sie vom 25. bis 30. Juli in Nevada City auftrat. Danach kehrte sie nach Grass Valley zurück und wohnte als Gast bei einem Junggesellen namens Gilmore Meredith in der Mill Street. Zu jener Zeit hatte sich Lola Montez offenbar bereits von ihrem dritten Ehemann Hull getrennt, denn im August reichte sie die Scheidung ein, die im November ausgesprochen wurde. Patrick Hull wurde 1854 Herausgeber des San Francisco *Daily Town Talk*, erlitt 1857 einen Schlaganfall und starb nach längerem Leiden am 21. Mai 1858 im Alter von etwa 34 oder 36 Jahren.

Lola hatte sich inzwischen entschlossen, ein neues Leben zu beginnen, und ein kleines Haus gekauft. Das rustikale Cottage umfasste Wohn-, Ess- und Schlafzimmer sowie Küche und einen Raum für Bedienstete. Es war einstöckig, weiß getüncht und gänzlich von einer Veranda umgeben. Eine hochgewach-

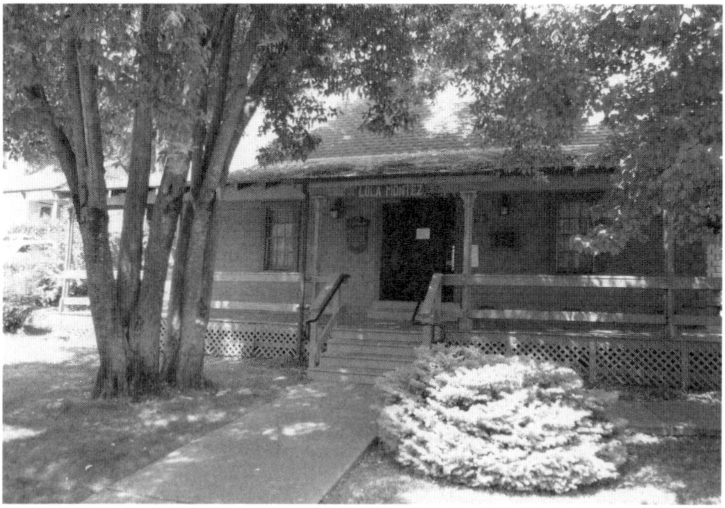

In Kalifornien: Das Wohnhaus der Lola Montez in Grass Valley. Heute ist ein Museum zur Erinnerung an die Künstlerin darin untergebracht. – Fotografie von Heija Deckart, 2013.

sene Eiche breitete ihre Äste schützend aus, Jasmin und Rosen blühten im Garten.

Eine neue Rolle, die der privatisierenden Dame auf dem Lande, wartete auf Lola Montez. Sie stattete ihr Heim mit bequemen Möbeln aus, ließ ein riesiges Gewächshaus bauen, in dem sie exotische Pflanzen hegte und pflegte. Häufig sah man Lola einfach gekleidet bei der Gartenarbeit. Dem *Grass Valley Telegraph* erzählte sie, dass sie ihr Heim in den Bergen sehr genieße, gesund und guten Mutes sei, reite und jage und die Goldminen erforsche, ihre zahlreichen Besucher unterhalte, lese und an einer Autobiografie schreibe.[242]

Offensichtlich wollte Lola zur Ruhe kommen. Da sie Tiere liebte, umgab sie sich mit einem kleinen Zoo: Hunde, Katzen, Vögel, Ziegen, Schafe, Hühner, Truthähne, Schweine und ein Pony bevölkerten das Grundstück. Ein junger Grizzlybär kam im November 1853 noch dazu, den sie 1854 an einen Schausteller für Tierkämpfe verkaufte, nachdem der Bär sie in die Hand gebissen hatte.

Mit Freundlichkeit und Hilfsbereitschaft gewann Lola in Grass Valley Ansehen und Freunde. Ihr Haus stand Besuchern aus aller Welt offen, ihre wöchentlichen Abendgesellschaften vereinigten Männer von Weitblick und begabte Künstler. Der Schauspieler Charles Warwick erinnerte sich: „Ich traf die liebenswürdige Lola im hinteren Garten (...) Sie war barhäuptig und von der Sonne fast wie ein Mexikaner gebräunt; ihr Haar fiel in reicher Fülle auf ihre anmutigen Schultern. Ihre Kleidung war von einfachster Machart und aus derbstem Material, ein gewöhnliches Kleid, mit kurzem Rock und ebensolchen Ärmeln, welche die wohlgeformten Arme fast bis zur Schulter unbedeckt ließen (...) Ich hatte erwartet, eine blasierte Dame von Welt, eine raffinierte, hochfliegende Abenteurerin vorzufinden (...) Ich muß mit Nachdruck bekennen, daß ich sie als großzügige, gütige und seelenvolle Frau kennengelernt habe (...) Während meines kurzen Aufenthaltes in Grass Valley machte ich die Bekanntschaft aller wichtigen Leute am Ort, da meine Bekanntschaft mit Lola ein Passierschein zur besten Gesellschaft der wilden Bergbaustadt war. Die Gräfin war der allgemeine Liebling aller Schichten, vom rohen, ungehobelten Bergmann bis zu den reichsten und mächtigsten Persönlichkeiten dieses ländlichen Eldorado."[243]

Vor allem zu Lotta Crabtree (Jahrgang 1847), einem Mädchen aus der Nachbarschaft, fühlte Lola sich hingezogen. Angeblich gab sie ihr Tanzunterricht und bildete sie für die Bühne aus. Lotta wurde später zur beliebtesten Entertainerin der USA.

Ein Zeitgenosse meinte zu Lolas Leben in Grass Valley: „Madame Lola (...) mag in mancher Hinsicht exzentrisch gewesen sein; doch viele ihrer Aktivitäten zeigten auch, was an freundlichen und wohltätigen Anlagen in ihr steckte (...) Lola war eine der Löwinnen unserer Stadt."[244] Allerdings durfte die Löwin nicht gereizt werden, wie dies der Herausgeber des *Grass Valley Telegraph*, Henry Shipley, in seinem Zeitungsartikel vom November 1854 tat. Darin griff er die journalistischen Publikationen der spanischen Königin Christina an und urteilte: „In ihren Zeilen liegt so viel Lola-Montez-mäßige Unverschämtheit und unverfrorene Heuchelei, daß selbst der

Ex-König von Bayern angenehm überrascht sein würde."[245] Lola verteidigte ihre Ehre mit der Peitsche, die Mr. Shipley im Golden Gate Saloon, wo er bei einem Drink saß, schmerzhaft zu spüren bekam. In ihrem Rechtfertigungsschreiben, das die Konkurrenzzeitung in Nevada City veröffentlichte, heißt es: „Ich entsann mich der Frauenrechtskonvention und profitierte von den Regeln der Lucy Stone – Haube auf dem Kopf und Peitsche in der Hand."[246]

Abstecher nach Australien

Am 13. Januar 1856 erkundigte sich Ludwig I. von Bayern bei seinem Pariser Gesandten Wendland, der ihn weiterhin über die Aktivitäten der Gräfin Landsfeld auf dem Laufenden hielt: „Sollte man noch immer in Californien seyn?"[247] Lola Montez befand sich zu diesem Zeitpunkt aber bereits seit einem halben Jahr auf Tournee in Australien.

Sie hatte ihrem Haus wie ihren Freunden in Grass Valley Lebewohl gesagt und sich mit einer Theatertruppe, dem musikalischen Leiter Charles Eigenschenk sowie dem Schauspieler Frank Folland (Noel Follin) nach Australien eingeschifft. Am 6. Juni 1855 legte die *Fanny Major* in San Francisco unter Vivatrufen ab. Ein Zeitzeuge erinnerte sich: „Lola war in bester Laune und hatte für alle die freundlichsten und liebenswürdigsten Abschiedsworte."[248]

Am 16. August kam Lola mit ihrem Ensemble in Sydney an, und bereits am 23. August trat sie erstmals im überfüllten Victoria Theater mit „Lola Montez in Bavaria" auf.

Sydney, etwa doppelt so groß wie San Francisco, sah recht britisch aus. Zudem war mancher Kritiker von viktorianischen Moralvorstellungen beherrscht, so dass Lola eher als Schauspielerin denn als Tänzerin des berühmt-berüchtigten Spinnentanzes Anerkennung fand. Die Reaktionen waren – wie fast überall – sehr konträr. Der Kritiker des *Argus* in Melbourne meinte: „Ich sehe mich genötigt zu sagen, daß ich mich sehr von denen unterscheide, die meinen, Lola habe irgendeine Begabung für die Schauspielkunst. Ihr äußeres Erscheinen ist gut; ihre Stimme dagegen ist, wenn nicht schlecht, so doch mit Mängeln hinsichtlich der Modulationsfähigkeit und Süße behaftet, zumindest in den für die Bühne bestimmten höheren Stimmlagen. Manchmal wirkt sie für den einen oder anderen Augenblick anmutig, doch solchem Aufblitzen eines edleren Geistes folgen mit Sicherheit sogleich die Grobheit und die Vulgarität. Ihre größten Wirkungen erzielt sie mit Posieren. Die Art, in der sie die exquisiten Proportionen ihrer Figur verhüllen, in gewissem Umfang sogar verformen kann, um sie dann plötzlich, in einem Ausbruch von Leidenschaft oder einem Ansatz von Zärtlichkeit, in ihrer ganzen Pracht zu enthüllen, ist für den Künstler zweifellos eine gute Studie. Die Kostüme für ihre Rollen sind schön – recht theatralisch zwar, doch geschmackvoll; auch achtet sie sorgfältig darauf, ihre schöne Gestalt so zu bekleiden, daß nicht mehr davon zur Schau gestellt wird als notwendig. Während des ganzen Stückes erhaschte ich nur einen einzigen Blick auf ihren Fuß (...) Ihre Züge sind interessant, doch nicht wirklich schön, und nach meinem Geschmack auch nicht von angenehmer Ausdruckskraft. Das Stück, in dem sie auftrat (...) ist so ziemlich der schlimmste Schund und Humbug, der je einem englischen Publikum vorgeführt wurde."[249]

Dagegen schrieb die Zeitung *Bell's Life in Sydney and Sporting Reviewer*, dass man sich nicht der Herabwürdigung dieses „außergewöhnlichen und begabten Wesens" anschließe, denn: „Ihr Auftritt war dezent und elegant, und während der ganzen langen Vorstellung spielte sie mit einer Mischung aus Leidenschaft, Anmut, Verspieltheit und Pathos, die jedermann für sie einnahm."[250]

Lola Montez trat mit ihrer Truppe an elf Abenden in Sydney auf, jeweils vor ausverkauftem Haus. Neben Stücken wie „The Morning Call", „Antony and Cleopatra", „Follies of a Night" und „Maidens Beware" führte sie auch den „Spider Dance" auf. Zu Lolas künstlerischer Leistung meinte die Zeitung *Age*: „Der Tanz erfordert in der Tat jene besondere Art von ‚Zurschaustellung', die auf keinen Fall toleriert werden könnte, wenn er

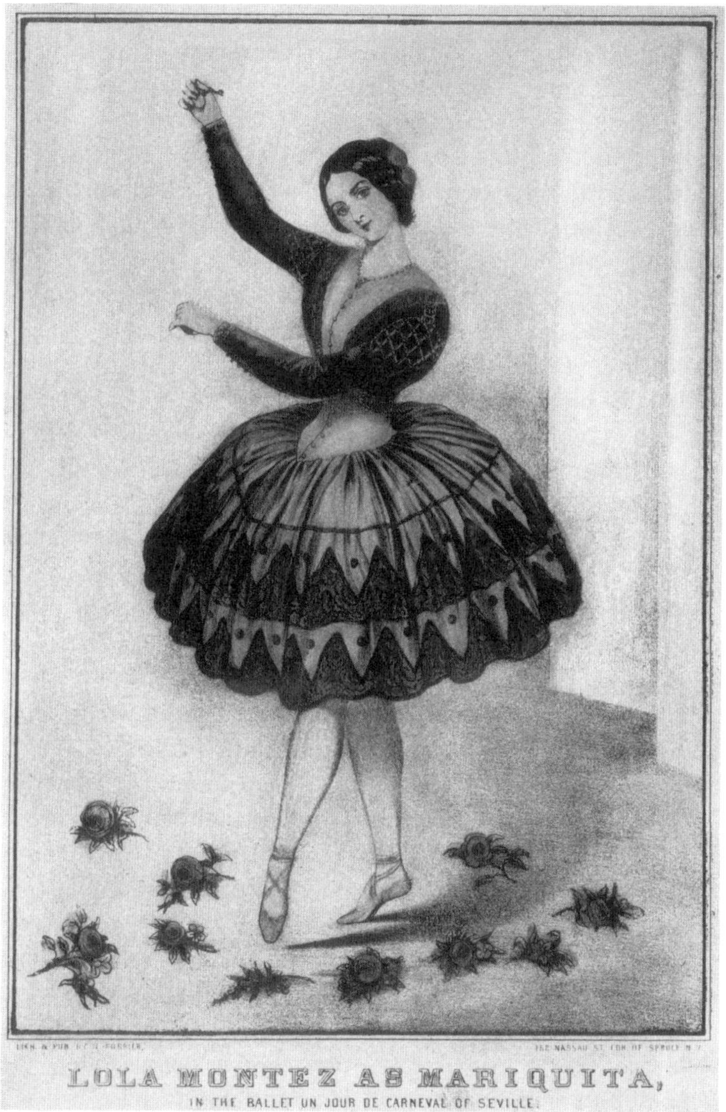

Der „Spinnentanz“: Lolas berühmt-berüchtigter Tanz, bei dem sie vermeintliche Spinnen in ihren Röcken suchte und diese schließlich zertrampelte. – Lithografie von Nathaniel Currier, 1851.

nicht mit größter Eleganz und kompromißloser Präzision aufgeführt würde. So vollkommen war ihre pantomimische Darstellung, daß jeder im Saal, ungeachtet der Geschicklichkeit der imaginären Spinne, sich in ihrer Kleidung zu verstecken, den Augenblick erkannte, in dem sie das Tier in geziemender Weise abschüttelte und mit dem ‚hübschesten Fuß der Welt', wie er genannt wird, zertrampelte. Das Haus dankte es ihr mit einem Beifallssturm, den es so lange fortsetzte, bis Madame Lola hereingeführt wurde (...), (um) dem Publikum zu danken."[251]

Die erfolgreiche Tournee durch Australien begann in Sydney, führte dann über Melbourne nach Geelong, zurück nach Melbourne, anschließend nach Adelaide in Südaustralien, wo man Lola nicht nur als „Künstlerin von Weltruf", sondern auch als „Gräfin von Landsfeld, Prinzessin von Bayern" ankündigte.[252] Hier erntete sie mit ihrem Spinnentanz tumultuarischen Applaus. Ein lokaler Künstler hielt ihre Auftritte sogar mit dem Zeichenstift fest. Zur Benefizvorstellung am 8. März 1855 in Adelaide zugunsten der Heldenwitwen und -waisen des Krimkrieges (Schlacht von Sewastopol) erschienen nicht nur die einladenden Freimaurer im Ornat, sondern sogar der Gouverneur mit Gemahlin in der Staatsloge.

Über Melbourne, wo man am Heiligen Abend wieder eine Benefizvorstellung gab, kam Lola zum Jahreswechsel nach Sydney zurück. Erneut spielte sie mit ihrem Ensemble zwei Wochen dort, ehe sie in Begleitung von Folland und Eigenschenk am 6. Februar 1856 nochmals nach Melbourne segelte, um im neueröffneten Victoria Theater der Bergarbeiter- und Goldschürferstadt Ballarat aufzutreten.

Ihre Australientournee beschloss Lola in Melbourne, Bendigo und Castlemaine. Das große Amphitheater war in Melbourne ausverkauft, und der Kritiker des *Herald* lobte: „Es ist schwer, sich eine eindrucksvollere Ovation als jene vorzustellen, die Lola Montez am Samstagabend dargebracht worden ist."[253]

In Bendigo kam es bei einem Gewitter während der Vorstellung zu einem dramatischen Vorfall, in dem Lola als einzige die Nerven behielt; der *Bendigo Adviser* berichtete darüber: „Von vorne war der Blitz deutlich zu sehen, als er quer über die

Bühne schoß, und danach blieb ein Geruch wie von verbranntem Schießpulver zurück. Die Szene auf der Bühne war ein fast unbeschreibliches Durcheinander. Die Vorführungen wurden durch den Blitz und die Explosion schlagartig unterbrochen, und das Zerbersten der Holzverkleidung und Prasseln der Splitter, dazu die brennenden Kulissen und die Schreie der Damen, die in wildem Durcheinander kreuz und quer über die Bühne rennenden Schauspieler, Kulissenschieber usw. bildeten insgesamt ein äußerst interessantes Schauspiel (...) Jedermann schien von Furcht ergriffen, als mitten in all dem Lola Montez, welche die ganze Zeit über auf der Bühne gestanden war, nach vorne kam und sagte – daß sie hoffe, die Damen und Herren würden keine Angst haben. Sie selbst habe keine (...) Mit allergrößter Kaltblütigkeit gab sie dann die Anweisungen, damit das Stück fortgesetzt werden konnte."[254]

Nach drei Vorstellungen in Castlemaine schiffte sich Lola mit Folland in Melbourne nach Sydney ein, um von Newcastle aus am 22. Mai 1856 auf dem Dreimastschoner *Falkenberg* zurück nach Kalifornien zu segeln.

Am Abend des 7. Juni feierte Lola an Bord den 29. Geburtstag ihres Kollegen und angeblichen Liebhabers Folland. Man trank Champagner bis in den frühen Morgen, als Folland während eines Deckaufenthalts von Bord des Schiffes fiel und ertrank. Die eigentlichen Umstände seines Todes blieben ungeklärt, da es keine Augenzeugen gab.

Die *Falkenberg* legte am 26. Juli in San Francisco an. Lola mietete ein Haus und ließ sich samt einem Dienstmädchen sowie ihren Hunden und exotischen Vögeln vorläufig dort nieder, um sich Gedanken über ihre Zukunft zu machen.

Zurück in den USA

Offenbar war Lola von ihrer Australienreise erschöpft und erschüttert über den Tod Follands zurückgekommen. Sie wünschte eine Auszeit. Um die verwaisten Kinder ihres Kollegen und mutmaßlichen Liebhabers zu unterstützen, ließ sie 89 Teile

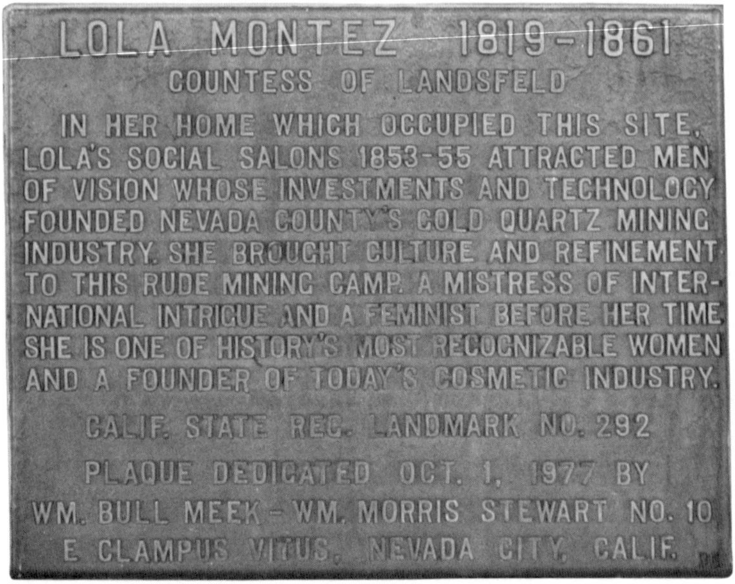

Die Ehrung: Erinnerungstafel an Lola Montez, Gräfin von Landsfeld, in Grass Valley (Kalifornien), angebracht am 1. Oktober 1977. – Fotografie von Heija Deckart, 2013.

ihrer Schmucksammlung – Ringe, Uhren, Medaillons, Broschen aus Gold, mit Juwelen besetzt – bei „Duncan and Company" in Sacramento versteigern und die eingenommenen 10 000 Dollar Follands Stiefmutter Susan, die in New York wohnte, überbringen.[255]

Das Bühnenengagement in Sacramento vom 8. bis 13. September verlängerte Lola nicht, sondern reiste nach Grass Valley. Dort verkaufte sie ihr Cottage, denn sie hatte sich dazu entschlossen, Kalifornien zu verlassen und wieder nach New York zu fahren. Am 20. November 1856 ging sie an Bord der *Orizaba*. Zu ihrem Weggang verbreitete das *San Francisco Bulletin*, dass augenscheinlich die Zeit ihrer Tanzauftritte vorbei sei.[256]

Grass Valley, die vorübergehende Heimat der Lola Montez, bewahrte seiner berühmten Bewohnerin allerdings ein gutes Andenken. Obwohl ihr Cottage mehrmals den Besitzer wechselte, umgebaut und schließlich abgerissen wurde, errichtete man es 1975 wieder neu und installierte dort ein kleines Museum. Zudem erinnern nicht nur ein 9148 Fuß hoher Berg namens „Mount Lola", sondern auch die „Upper and Lower Lola Montez Lakes" an sie.[257] Desgleichen existiert eine Gedenktafel, auf der ihre Leistungen für Grass Valley gerühmt werden: „In ihrem Heim, das auf diesem Grundstück stand, zogen Lolas gesellschaftliche Salons 1853–55 Männer mit Visionen an, deren finanzielles und technisches Engagement Nevadas Gold-Quarz-Minen-Industrie begründeten. Sie brachte Kultur und Zivilisation in diesen rauen Goldgräberort (…)."

Die Charakterrolle

LOLA MONTEZ – VORTRAGSREISENDE UND SCHRIFTSTELLERIN

Spielzeit 1857 bis 1860

Wieder New York

Lola Montez hatte am 20. November 1856 San Francisco per Schiff verlassen; in San Juan del Sur (Nicaragua) bestieg sie eine Kutsche zum Lake Nicaragua, überquerte ihn auf einem Dampfer, fuhr den San Juan River hinunter und erreichte die karibische Küste bei San Juan del Norte. Mit dem Schiff *Tennessee* kam sie endlich am 16. Dezember in New York an.

Im Westen und in Australien hatte Lola 23 000 Dollar verdient und somit für einige Zeit ausgesorgt. Zunächst wohnte sie bei den Follins, der Familie ihres verunglückten Kollegen Folland. Mit dessen hübscher Schwester, der 20-jährigen Miriam, bereitete Lola eine Tournee vor, wobei diese unter dem Namen „Minnie Montez“ als Lolas jüngere Schwester auftrat. Die Vorstellungen in Albany und Providence waren ein Riesenerfolg, dennoch trennte sich Lola von Minnie, die später viermal heiraten und als verwitwete Mrs. Frank Leslie zur einflussreichen Zeitungsverlegerin aufsteigen sollte.

Lola setzte allein ihre Tournee in Pittsburgh, St. Louis, Louisville (Kentucky), Cincinnati und Chicago fort, ehe sie mit 7000 Dollar Gage nach New York zurückkam. Mitte Juli 1857

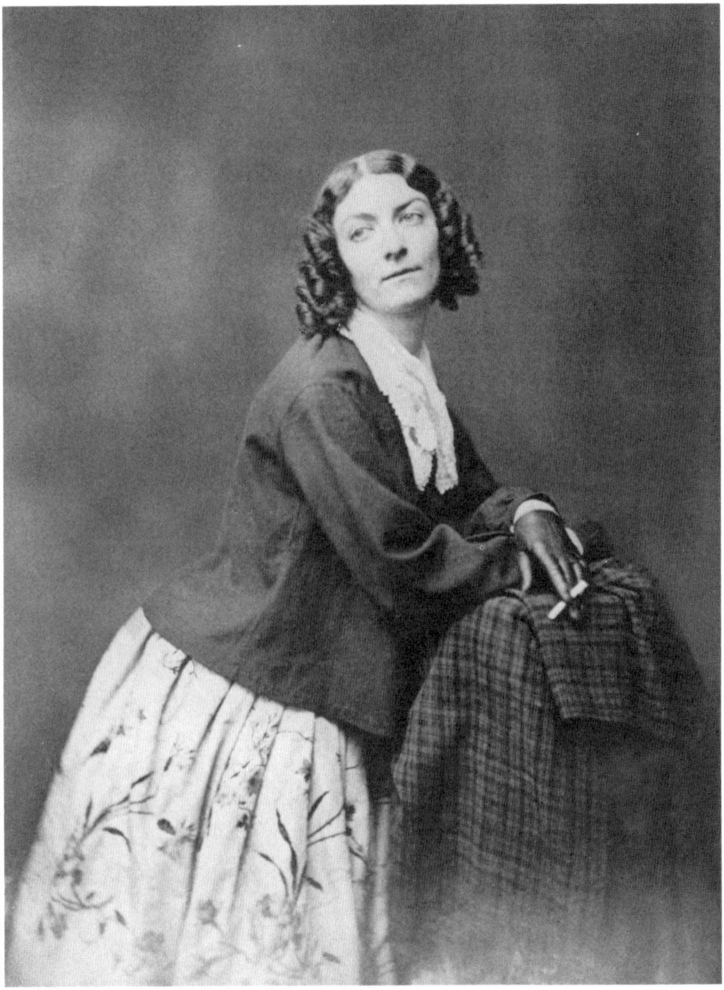

Die Unkonventionelle: Lola Montez mit Zigarette im legeren Gewand. – Daguerreotypie von Southworth & Hawes, Boston 1852.

gab sie noch ein Gastspiel in Buffalo, reiste weiter nach Toronto (Kanada) und beschloss ihre Bühnenlaufbahn als Tänzerin und Schauspielerin. Der *Morning Express* schrieb über ihre Auftritte in Buffalo: „Es war eine triumphale Veranstaltung. Das Metropolitan war zum Ersticken voll mit Bewunderern ihres Tanzes.“[258] Hier führte sie zum letzten Mal den „Spinnentanz“ auf. Nur einmal noch trat Lola Montez im folgenden Jahr in New York an vier Abenden als Schauspielerin auf – zu diesem Zeitpunkt hatte die 36-Jährige aber bereits eine neue Lebensrolle gefunden.

Vortragsreisen

Seit Mitte des Jahres 1857 wandelte sich Lola zu einer seriösen Vortragsreisenden. Bereits 1851 anlässlich ihres amerikanischen Bühnendebüts hatte sie der Kritiker des *New York Herald* darauf hingewiesen, dass ihr größtes Talent in ihrer „umwerfenden Konversationskunst, ihrem herausragenden spontanen Witz und ihrer geistvollen Schlagfertigkeit“ liege, und ihr geraten, doch Lesungen zu halten.[259] Das tat Lola nun auch: Mit Unterstützung ihres Managers Chauncey Burr hatte sie von Mai bis Juni 1857 an Vorträgen gearbeitet, und am 29. Juli stand sie erstmals in Hamilton (Ontario) als Rednerin am Lesepult. Sie sprach über berühmte „schöne Frauen“ sowie die Subjektivität des Schönheitsbegriffes. Mit diesem Vortrag und einem zweiten zum Thema „Ursprung und Macht Roms“, der einen Angriff auf die römisch-katholische Kirche beinhaltete und in dem sie die Leistungen des protestantischen Geistes – Dampfschiffe, Eisenbahnen, Telegrafen und die amerikanische Republik – hervorhob, ging Lola auf Vortragsreise im Staat New York und in Neuengland.

August von Wendland, Diplomat in Paris, schickte Ludwig I. von Bayern Zeitungsartikel, die über die neuen Wege der ehemaligen königlichen Favoritin berichteten. Eine Anzeige verkündete: „Madame Lola Montez, Gräfin von Landsfeld, wird ihren gefeierten Vortrag über Schöne Frauen im Newark

Theater am Montagabend, den 28. September 1857, halten."[260] Lolas Lesungen kamen, insgesamt gesehen, gut an: „Sie spricht nicht nur amüsant, sondern auch in einer damenhaften und souveränen Weise. Es gab ausschließlich lobende Worte über ihren Vortrag."[261] Als sie indessen im August in Montreal vortragen wollte, machte die Zeitung *Witness* Stimmung gegen die „berüchtigte Lola Montez" und empfahl den „achtenswerten Bürgern", nicht dort zu erscheinen. Dies schien aber niemand zu beherzigen, denn die *Montreal Gazette* berichtete tags darauf: „Die zwei Vortragsabende der Lola Montez waren bis zum Äußersten überfüllt von einer zweifellos respektablen Zuhörerschaft."[262]

Die Gräfin von Landsfeld setzte „in den größeren atlantischen Städten" ihre Vorträge fort, die „überall mit Vergnügen gehört" und vor großem Publikum gehalten wurden, wie die Presse meldete: „Sie hat sich durch mehrere Vorlesungen in Boston einen solchen Ruf erworben, daß die Säle, wo sie auftritt, gedrängt voll sind."[263]

Auch die Befähigung der Rednerin wurde hervorgehoben; der *Lockport Courier* schrieb: „Es gibt keine Frau auf der Welt, die so viel von jedem Winkel der Erde gesehen hat wie Lola Montez, und es gibt wahrscheinlich auch keine Frau auf der Welt, die einen Vortrag so eigenartig und geradezu faszinierend interessant gestalten kann."[264] Der kanadische *Daily Argus* schilderte die „perfekte Vortragrednerin" lobpreisend: „Ihre Stimme ist von fließender Sanftheit; ihre Intonation und die Pointierung (...) wurden in keiner Weise mit irgend einem fremden Akzent dargeboten (...) Sie ist beträchtlich schlanker, als sie auf den uns bekannten Stichen dargestellt ist, doch dem Ausdruck auf ihrem Gesicht und dem Glanz ihrer Augen kann kein Künstler gerecht werden. Ihre Haltung ist ungezwungen und damenhaft, und der Vortrag wurde von ihr mit einer Anmut und einer schönen Diktion dargebracht, wie wir sie auch von den vollendetsten Schauspielerinnen nur selten vortrefflicher vernehmen können."[265]

In nur wenigen Wochen hatte sich Lola Montez zu einer gefragten und bewunderten Vortragsrednerin gewandelt. Sie trat vielerorts auf, darunter in Philadelphia, Baltimore und Washington. Ihre Themen hatten sich vermehrt und umfassten jetzt auch „Das Geistesleben und die Frauen von Paris", „Die galante Welt" sowie „Heldinnen der Geschichte und willensstarke Frauen".

Nochmals eine Ehe?

Mitten in diese erfolgreiche Vortragreise hinein platzte am 14. Dezember 1857 die Meldung des *Evening Stars*, dass sich Lola Montez wieder zu verheiraten gedenke, und zwar mit dem Prinzen von Bielitz und Grafen von Reißen, dessen Ländereien im österreichischen Schlesien lägen. Dieser lebe gegenwärtig im Norden des Staates New York, wo er sich eine Farm gekauft habe. Allerdings wolle der ungefähr 40 Jahre alte Prinz nach seiner Vermählung wieder nach Österreich zurückkehren.[266] Bräutigam in spe war also der polnisch-österreichische Adelige Ludwig Johann Nepomuk Sulkowski, der seit der 1848er-Revolution zunächst im Schweizer Exil und nunmehr in den USA lebte.[267] Bereits zwei Tage vor der Veröffentlichung ihrer Heiratsabsichten hatte sich Lola in New York nach Le Havre eingeschifft, um sich mit ihrem zukünftigen Gemahl in Paris zu treffen. Lolas Ankunft in Frankreich erregte sogar in Bayern Aufmerksamkeit; die *Augsburger Allgemeine Zeitung* meldete am 31. Dezember 1857 süffisant: „Lola Montez ist in Paris angekommen und Rue des Saints Pères in der Nähe des Faubourg St. Germain abgestiegen. Sonntag Abends gab sie einem Herrn, welcher das Unglück hatte in der Rue de la Vielle Comédie auf ihren Rock zu tretten, bereits die ersten traditionellen Ohrfeigen."[268] Am 3. Januar 1858 erkundigte sich Ex-König Ludwig beim Gesandten Wendland, ob Lola Montez wirklich wieder in Paris sei.[269] Freilich war da die Gräfin Landsfeld schon wieder abgereist, denn Lola fuhr, nachdem sie vergeblich auf ihren Bräutigam gewartete hatte, am 2. Januar von Liverpool aus nach Boston in die USA zurück.

Diese seltsame Unternehmung gibt einige Rätsel auf – zumal der Ehemann in spe, dessen erste Gattin, Anna Dietrich von Landsee, 1852 in Wien gestorben war, bereits wieder verheiratet und mit fünf Kindern gesegnet war und von einer neuerlichen Eheschließung gar nichts wusste. Lola hingegen sollte noch Anfang Februar 1858 behaupten, dass die Hochzeit bald stattfinden werde. Später erklärte sie, sie habe von dem Eheprojekt Abstand genommen, weil der Prinz mit einer Sängerin herumreise.

Ob jemand Lola einen üblen Streich gespielt hatte, ob sie wahn- bzw. krankhafte Wunschvorstellungen[270] hegte oder ein selbstzerstörerisches psychotisches Verhalten[271] an den Tag legte, kann nicht beurteilt werden. Jedenfalls nahm Lola bereits am 3. Februar ihre Vortragsabende wieder auf. Bis zur Sommerpause hielt sie über 25 Lesungen in New York und Brooklyn, die immer auf großes Interesse stießen. So wurde sie – laut *New York Herold* – zur „wichtigsten Vortragskünstlerin der Zeit".

Die Schriftstellerin

Lola Montez hatte bereits in Europa Schriftliches hinterlassen: ihre Memoiren! Das neunbändige Werk wurde von Comte de Corail und Charles Joseph Brifant nach ihren Erzählungen verfasst und von ihr autorisiert. Zunächst erschien es seit dem 8. Januar 1851 in wenigen Fortsetzungen in der französischen Zeitung *Le Pays* und noch im selben Jahr in deutscher Übersetzung zu Berlin und Grimma. Ihre Memoiren sind als damals moderne „Reiseliteratur" einzuordnen und weniger als Autobiografie, da lange Beschreibungen von Land und Leuten wie aus dem Reiseführer abgeschrieben erscheinen. Auch die Passagen über ihr Leben erweisen sich meistenteils als Dichtungen, die der Wahrheit wenig verpflichtet sind. Lola Montez vermischte in ihren Memoiren subjektive Erinnerung mit Assoziationen, Realität und Fiktion, Reiseeindrücke mit Sozialerzählung, politische Kritik mit frauenemanzipatorischen

Aspekten; die Niederschrift bietet ein „verwirrendes Spiel von Daten, Orten und Namen".[272]

Zudem hatte Lola Montez wohl in ihrer Münchner Zeit auch gedichtet. In König Ludwigs Nachlass befindet sich der englische Text eines Gesangs, der ihr zugeschrieben wird[273], in dem sie die Sehnsucht nach der Leichtigkeit des Lebens in ihrem geliebten Spanien ausdrückt. In deutscher Übertragung heißt es da:

Fernes südliches Land

Es gibt ein Land, wo sanft die Winde wehen,
Und Orangenblüten sich mit Myrten mischen,
Lieblich beschattet das Blattwerk den ruhigen hellen Himmel.
Sanftes Mondlicht scheint in jenem Land
Und ergießt seinen Glanz über schöne junge Gesichter,
Wenn die Abenddämmerung ihre holden Lippen verbirgt,
Welche die frische Luft atmen.
Ach, wenig wissen die nördlichen Völker
Von jenem Land – so süß betörend,
Kennen sie diese Sonne, diese Blumen, diese Brunnen.
Mit Herzen so warm, so treu, so tapfer,
Lieblich ist der Gesang der von der Feldarbeit ruhenden Bauernmädchen,
So leicht als höben sie den reichsten Schatz.
Und jene schönen Doñas, wie anmutig beugen sie sich hinab
Zu dem leisen Geflüster der Gitarre ihres Kavaliers.
Das ganze Land erfüllt vom freudvollen Atmen
Der Herzen, und Hände vereint für ewig in wahrer Treue.
Und in all den ruhigen Nächten in fernen kälteren Gefilden,
Ehe die schweren Ketten des tiefen Schlafes mich banden,
Flüsterten mir sanfte Stimmen traurige Erinnerungen ins Ohr
Und umhüllten mich mit ihrer Melancholie.
Ach ja, süßes Spanien, Du bist es, das mir fehlt,
Mein Heimatland, Du bist es, von dem ich ewig träume.

Warum Lola diesen Text – falls er wirklich von ihr stammen sollte – in englischer Sprache und nicht auf Spanisch verfasste, bleibt unklar. Sie sang dieses Lied wie auch andere vermutlich zur Gitarrenbegleitung, eventuell bereits in ihren frühen Jahren in England. König Ludwig bedauerte einmal, dass er sie in München nie habe singen und spielen hören – im Gegensatz zu einigen aus dem Kreis ihrer Bewunderer.

Im Sommer 1858 mietete Lola ein Haus in Yorkville, im Norden von New York, und begann mit der Schriftstellerei bzw. Veröffentlichung ihrer Werke. Bereits Ende Juni 1858 erschienen ihre Vorträge in Buchform bei Dick & Fitzgerald in New York unter dem Namen Lola Montez, Gräfin von Landsfeld. Wieder wurde gemutmaßt, dass Chauncey Burr die Texte als Ghostwriter verfasst habe. Sofort ging Lola zum Angriff über und meinte: „Eigentlich sollte ich auf diese Angelegenheit nicht öffentlich eingehen, nur wegen des Lärms einiger hirnloser seltsamer Käuze, die zu Literatur und Literaten das gleiche Verhältnis haben wie Leisetreter, Klatschtanten und Lästerer zu achtenswerten und wohlerzogenen Leuten."[274]

In ihrem Buch „Die Kunst der Schönheit oder die Geheimnisse der Toilette für Damen mit Hinweisen für den Herrn, wie er eine Dame gewinnt"[275] empfahl sie den Frauen eine nicht einengende Kleidung, um die natürliche Form vor allem ihrer Büste zu erhalten: „Der Busen, dem die Natur eine erlesene Symmetrie in sich selbst verliehen hat und wunderbare Anpassung an die Körperpartien, denen er verbunden ist, wird oft in eine Form oder an einen Platz gezwängt, die ihn seiner natürlichen Schönheit und Harmonie mit dem übrigen Körper berauben. Diese deformierende Veränderung wird durch steife Stäbe oder Korsetts verursacht, die den Busen aus seiner natürlichen Lage drängen und seine natürliche Spannung und Festigkeit zerstören, die doch seine eigentliche Schönheit ausmachen. Einem jungen Mädchen sollte eingeprägt werden, (...) den dauernden Druck so harter Substanzen wie Fischbein und Stahl zu vermeiden; sie zerstören nicht nur die Schönheit, sondern sind auch die Ursache weit schlimmerer Folgen wie Abszesse und Krebs."[276]

Außerdem sei ein maßvolles Umgehen mit Alkohol, Kaffee und üppigen Mahlzeiten notwendig. Deutlich wies Lola auf die positive Wirkung von physischer Ertüchtigung hin und hob das tägliche Bad als unabdingbar für die Schönheitspflege der Frauen hervor. Aber die „wahre Quelle der Schönheit" sei ein wacher Geist und ein mitfühlendes Herz, wodurch der weibliche Körper erst beseelt und anmutig erscheine: „Ich hatte den Vorzug, die berühmtesten Schönheiten an den glänzendsten Plätzen der Welt zu sehen, von St. James bis St. Petersburg, von Paris bis Hindostan und dennoch habe ich keine Kunst gefunden, die eine ungehobelte Art, ein unliebenswürdiges Herz aufwiegen könnte. Jene läuternde und köstliche Kraft der Seele, jene spirituelle Energie, die Lebendigkeit und Grazie verleiht und selbst plumper Gestalt ein Aufleuchten, ist am Ende die wirkliche Quelle weiblicher Schönheit; ist das, was die Augen einer Frau beredte Sprache sprechen lässt, was mit rosigem Hauch ihre Wangen überzieht und ihre ganze Persönlichkeit zum Erstrahlen bringt. Das, meine Damen, ist das Signum der Schönheit, ist der Künder jenes Zaubers, der beim Betrachter helles Entzücken auslöst."[277]

Lola warnte darüber hinaus vor gekauften Schönheitsmitteln, die dem weiblichen Gesicht die gewünschte vornehme Blässe geben sollten: „Alle weiße Schminke schadet nicht nur der Haut, sondern auch der Gesundheit schlechthin. Ich habe Lähmungserscheinungen und frühen Tod als Folgen dieser Mittel kennengelernt."[278]

Lola bot auch eigene Rezepturen aus natürlichen Ingredienzien zur Pflege der Haut an. Für raue und rissige Hände helfe eine „Waschung" mit „3 Unzen Zitronensaft, 3 Unzen Weißweinessig, ½ Pinte Weißer Brandy"[279]. Und das Altern der Gesichtshaut verhindere eine Gesichtsmaske aus folgenden Zutaten: „Das Weiße von vier Eiern in Rosenwasser gekocht, eine halbe Unze Alaun (Salz), eine halbe Unze Öl von süßen Mandeln dazugeben; das Ganze zusammen schlagen, bis es den Charakter einer Paste annimmt. Obiges auf eine Seiden- oder Musselinmaske gegeben und die Nacht über aufgelegt, wird das nicht nur vor Falten schützen, sondern es wird der Haut

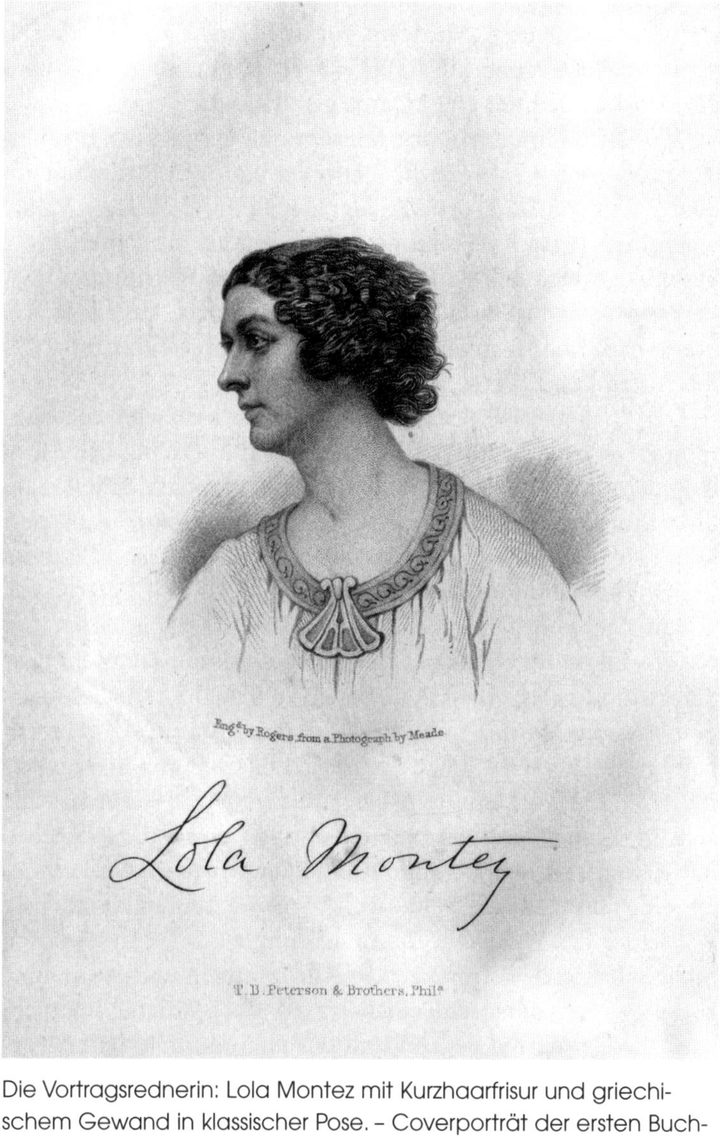

Die Vortragsrednerin: Lola Montez mit Kurzhaarfrisur und griechischem Gewand in klassischer Pose. – Coverporträt der ersten Buchausgabe ihrer Vorträge mit eigenhändiger Unterschrift, 1858.

besonders an denjenigen Stellen helfen, wo sie sich an den Muskeln gelockert hat, und wird sie wieder straffen."[280] Die sich anschließenden „Hinweise für den Herrn" waren ironisch gemeint und zeigten alles auf, was ein Mann eben nicht machen sollte, wenn er einer Dame gefallen will.

Angesichts ihrer Schönheitsrezepturen verwundert es nicht, dass Lola Montez als „Begründerin der heutigen Schönheitsindustrie" in den USA – wie auf der Gedenktafel in Grass Valley – gepriesen wird.[281] Zumal dem Buch ein erstaunlicher Erfolg beschieden war: 60 000 Exemplare wurden allein in den USA verkauft; es erschien auch in Großbritannien, Kanada sowie Frankreich und in einige Sprachen übersetzt. Noch nach 1870 legte man Lolas Werk zweimal neu auf.

Der Buchausgabe ihrer Vorträge schloss sich auch eine Autobiografie an („Lectures of Lola Montez including her Autobiography", New York 1858), die jedoch nichts Erhellendes über ihre Lebensstationen brachte. Ein Jahr später veröffentlichte sie dann eine Sammlung historischer Liebesgeschichten in den „Anecdotes of Love"[282].

Mit den Vorträgen und Büchern verdiente Lola einiges an Geld, so dass sie ein sorgenfreies Leben führen konnte. Diese Selbstständigkeit einer Frau sowie einige ihrer Äußerungen brachten die Montez in die Nähe der aufkommenden Frauenbewegung. Manche sahen in ihr „a champion for women's rights", eine Vorkämpferin der Frauenrechte[283] – zumal Lola sich in ihren Memoiren bereits selbst in diese Nähe begeben hatte, wenn sie schrieb: „Ich dachte der Worte des Volkes – es ist eine emancipirte Frau, welche gegen das entsetzlichste Raubthier der Welt, den Mann ankämpft (...) Denn glich ich nicht selbst dieser Amazone, welche in einem ewigen Kampfe gegen das Männergeschlecht begriffen war? Welche, noch ein Kind, diesen Kampf begann und ihn unaufhörlich, halb Siegerin, halb überwunden, fortgesetzt hat?"[284]

Aber Lolas Emanzipation war eine rein individuelle. Die nunmehr lautstark sich äußernden Frauenrechtlerinnen, die für die Gleichstellung der Frauen allgemein kämpften, waren nicht ihr Fall, wenn sie auch durch ihr Verhalten die konven-

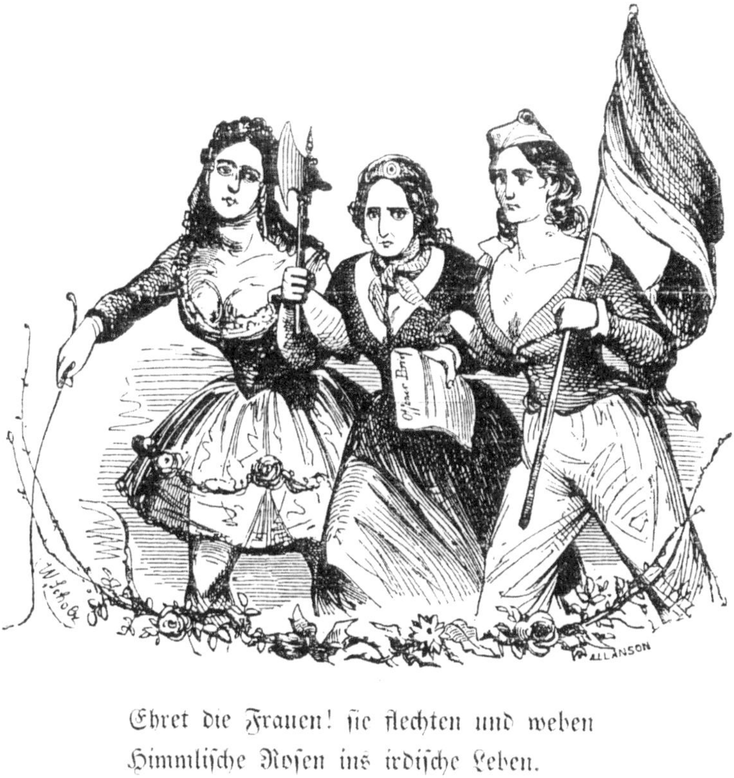

Die Emanzipierte: Spottblatt auf die kämpferische Frauenrechtsbewegung mit Lola Montez (links), der radikalen Demokratin Emma Herwegh und der Revolutionärin Louise Aston. – Karikatur von Wilhelm Scholz, vor 1848.

tionelle Frauenrolle durchbrach. Denn Lola benahm sich in der Öffentlichkeit nicht immer wie eine Dame, zügelte ihr Temperament nicht, wie es das Leitbild der sanften Frau verlangte, zeigte sich unbegleitet auf der Straße und auf Reisen, übte einen Beruf aus und lebte dadurch wirtschaftlich unabhängig. Lola Montez beanspruchte somit, allerdings nur für sich allein, die Rechte der Männer. Dieser Bruch mit der herkömmlichen Ordnung wurde ihr vom konservativen Teil der Gesellschaft nicht verziehen. Vielmehr empfanden sie diese Männer und

Frauen meist als arrogant und frech. Man diffamierte sie daher, um das eigene Weltbild und die überkommene Werteordnung zu erhalten. Fortgeschrittene Geister jedoch priesen Lolas Witz, ihren brillanten Geist, ihre Kultiviertheit und ihre vielfältigen Begabungen.

Die letzte Tournee

Während ihrer Vortragspausen empfing Lola in ihrem Haus in Yorkville gerne Gäste zu Gesprächsabenden, bei denen sie sich als beredte Gastgeberin inmitten von Vogelkäfigen und Blumenarrangements präsentierte. Dabei versammelte sich eine bunte Mischung aus Freidenkern, Spiritisten, Journalisten, Künstlern und Bohemiens. „Es gab kein Gebiet, zumindest soweit ich das beurteilen kann“, meinte einer der Anwesenden, „ über das sie nicht auf Grund persönlicher oder angelesener Erfahrung mit einiger Kompetenz unterhalten konnte“[285].

Als der Herbst des Jahres 1858 kam, nahm Lola wieder ihre öffentlichen Vorträge auf. Im Oktober hielt sie zugunsten der vom Sturm zerstörten „Church of the Good Shepherd“ (Kirche des Guten Hirten) eine Lesung und reiste kurz darauf, am 8. November, von New York über den Atlantik nach Galway, um dort unter der Leitung von Vater und Sohn Burr ihre Vortragstournee in Irland und England zu beginnen.

Am 23. November 1858 betrat Lola zum ersten Mal nach mehr als 20 Jahren wieder ihr Heimatland. Die Presse berichtete über die inzwischen weltberühmte Tochter Irlands: „Sie brachte ihre Gefühle für Irland als dem Land ihrer Geburt in warmen Worten zum Ausdruck.“[286] Lola nutzte einige Tage privat, um Limerick und Cork zu besuchen. In Cork sah sie höchstwahrscheinlich ihre Tante Mary und ihre beiden Cousinen. Mit ihrer Halbcousine zweiten Grades, Lady Ashtown, die im neuerbauten Oliver Castle residierte, traf Lola allen Spekulationen zum Trotz nicht zusammen.

Am 8. Dezember begann die Montez ihre Vortragsreise in Dublin mit dem Referat „Amerika und sein Volk“, dessen eigentliches Thema die Rolle der Einwanderer in den USA war. Der „Round Room" der Rotunde war bis auf den letzten Platz besetzt, großer Applaus begleitete die in ein dunkles Samtkleid gewandete Rednerin zum Lesepult, das mit purpurrotem Tuch verhüllt war. Drei Lesungen hielt Lola bzw. die Gräfin von Landsfeld, wie sie jetzt überall tituliert wurde, in Dublin, zwei Vorträge in Cork und einen in Limerick. Dann reiste sie nach England weiter, wo Lola 1859 in Manchester auftrat. Zweimal referierte sie in Glasgow, dann in Edinburgh, sie sprach in Sheffield, Nottingham, Leicester, Wolverhampton, Worcester und kam schließlich über York und zahlreiche andere Städte Anfang April nach London, wo sie bei einem ihrer Freunde in der Weymouth Street wohnte. In der St. James Hall nahe des Piccadilly Circus redete Lola am 7. April erstmals über den „Englischen und amerikanischen Charakter", dann über die „Europäer in der Neuen Welt", über „Komische Aspekte der Mode" und über „Willensstarke Frauen".

Ihre Vorträge wurden von der Londoner Presse – wie nicht anders zu erwarten – zwiespältig aufgenommen. Während die einen ihr Redetalent rühmten, stellten die anderen ihre „anrüchige" Vergangenheit heraus. Mitte April beendete Lola die Lesereise, ihre Manager kehrten in die USA zurück, wohingegen Lola ein Haus in Mayfair am Rande des Hyde Parks kaufte, um sich dort dauerhaft niederzulassen. Sie wollte aus dem eleganten Haus eine Pension für Wohlhabende machen und mit den Mieteinahmen ihren Ruhestand finanzieren.

Der Plan misslang gründlich, sie verschuldete sich, wurde verklagt und musste schließlich alles aufgeben. Nachdem sie von einer schweren Krankheit, vermutlich einer Gehirnhautentzündung, genesen war, fuhr sie unter dem Namen Mrs. Heald im Oktober 1859 von Southampton an Bord der *Hammonia* nach New York zurück.

Im Januar 1860 ging Lola nochmals in den USA auf Vortragsreise: Sie trat in Philadelphia und Washington, in Pennsylvania und Ohio auf, über St. Louis, Springfield in Illinois ging es nach Chicago, dann weiter nach Detroit, Toronto, Buffalo, Rochester; schließlich endete die Tournee in Albany.

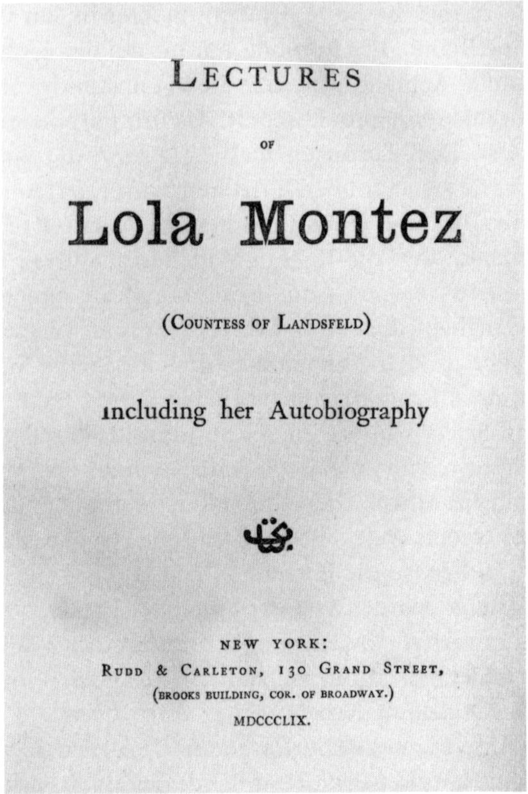

LECTURES

OF

Lola Montez

(COUNTESS OF LANDSFELD)

including her Autobiography

NEW YORK:
RUDD & CARLETON, 130 GRAND STREET,
(BROOKS BUILDING, COR. OF BROADWAY.)
MDCCCLIX.

Die Schriftstellerin: Buchausgabe der Vorträge von Lola Montez, Gräfin von Landsfeld, mit anschließender Autobiografie. – Titelblatt der Ausgabe vom Verlag Rudd & Carleton, New York 1859.

Von unterwegs schrieb Lola an ihre Freundin Maria Buchanan: „Nach einer ermüdenden Pilgerschaft durch die Wildnis von Ohio und Indiana sind wir bis hierher gekommen; wir haben in jeder Gemeinde, wo die Leute sich eine Fünfundzwanzig-Cent-Münze abringen konnten, Station gemacht. Wir werden nicht hinunter in den Süden fahren, sondern morgen hier nach St. Louis aufbrechen und dann den ganzen Landstrich bis Chicago und Umgebung, Detroit und Umgebung abgrasen, ehe wir uns wieder auf den Weg nach Hause machen, was Ende des nächsten Monats sein wird. Mit wenigen Ausnahmen mußte ich jeden Abend lesen (...) Ich bin zu einem äußerst eintönigen Leben gezwungen, sitze tagsüber in meinem Zimmer oder reise in der Kutsche und halte abends Vorträge vor einer Menge von Leuten, die mich nicht interessieren (...) Ich sehe meiner Rückkehr nach N.Y. mit dem größten Vergnügen entgegen, da es die einzige Stadt Amerikas ist, in der ich gerne lebe (...) Überall äußert sich die Presse lautstark zu meinen Gunsten, was sehr erfreulich ist, obwohl ich mir in Wahrheit nicht viel daraus mache, was sie sagen."[287]

Im April 1859 kam Lola wieder nach New York zurück, mietete eine Wohnung am Clinton Place 15 in Greenwich Village und lebte dort als Mrs. Heald von dem Verdienst aus ihren Vortragsreisen und Büchern.

Der Vorhang fällt

MRS. ELIZA GILBERT – DIE BEKEHRTE SÜNDERIN

Spielzeit 1860/61

Zum Glauben bekehrt

Schon während ihres Aufenthaltes in Grass Valley beschäftigte sich Lola Montez nicht nur mit dem Spiritismus, sondern auch mit religiösen Schriften. In jenen ruhigen Tagen las Lola erstmals Bücher des Mystikers und Spiritisten Andrew Jackson Davis; zudem widmete sie sich der Bibellektüre.

Im Laufe der Zeit und mit Zunahme ihres Alters kam Lola der Religion immer näher. Sie suchte Sinn und Vergebung im christlichen Glauben. Obwohl sie oftmals behauptete, Katholikin zu sein, war Lola doch anglikanisch getauft und erzogen worden. Daher verwundert es nicht, dass sie sich der evangelikalen Erweckungsbewegung anschloss, die das Bekehrungserlebnis und eine praktische Nächstenliebe betonte. Am Ende ihres Lebens jedoch wurde Lola Montez von Reverend Hawks, einem beliebten Prediger der anglikanischen Episkopalkirche, seelsorgerlich betreut. Sie hatte offenbar zur Konfession ihrer Geburt und Taufe zurückgefunden.

Lebenslang zeigte sich Lola großzügig in Geldangelegenheiten. Eine Vielzahl von Benefizveranstaltungen, Spenden für Gotteshäuser und wohltätige Zwecke beweisen ihren karitativen Charakter. Sie begründete ihr Engagement für die zerstörte Kirche vom Guten Hirten im Oktober 1858 mit folgenden

Worten: „Der Einfall eines Geistlichen, den Frierenden und Hungernden in den egoistischen Zeiten, in denen wir leben, Nahrung und Kleidung zu überlassen, anstatt sie mit ‚Traktaten festlich zu bewirten', hat mich sehr überrascht, da ein solches Benehmen für einen Pfarrer geradezu einmalig ist, und so erwachte in mir der starke Wunsch, mein Scherflein beizutragen und beim Wiederaufbau einer Kirche zu helfen, die einem neuartigen, aber wahrhaft christlichen Zweck dienen soll."[288]

Während ihrer Vortragsreise durch England bekannte Lola einer Freundin: „Gottes heiliger Name sei gesegnet auf ewig. Ich habe das gefunden, was mit nichts anderem vergleichbar ist, was nichts anderes und niemand sonst geben kann, sei es durch einfühlsamen Rat oder freundliche Worte. Daß Gottes Liebe zum verkommensten Seiner Sünder so groß war, daß er Seinen Sohn hingab, Sein göttliches Menschsein, damit Er in die Welt komme, um alle Sünde in der Welt zu tilgen und für uns zu sterben, auf daß wir durch Seinen Tod das ewige Leben empfangen (...) Bedenke, was für eine Sünderin ich war, wie unmöglich es einst erschien, mich zu bessern, und nur Seiner beständigen Fürsorge und Liebe und meiner Inbrunst und Aufrichtigkeit des Herzens ist es zu verdanken, daß Er dieses Wunder vollbracht hat (...) In meinem Inneren bin ich eine schwache Sünderin. Nur weil ich zu Jesus gebetet habe, zu mir zu kommen und in meinem Herzen zu wohnen, schöpfe ich Wahrheit und Frieden. Ich fühle große Demut in mir. Ich habe auf viel Geld verzichtet und bin arm, soweit es das Geld betrifft. Aus Liebe zu meinem Gott habe ich das Richtige getan."[289]

Offenbar hatte Lola einen Großteil ihrer Honorare anderen überlassen, wie auch eine englische Zeitung berichtete: „Sie hielt mehrere öffentliche Vorträge über den Spiritismus, spendete die Erlöse für mildtätige Zwecke und bewies damit jenes großzügige Mitgefühl, das ihr immer eigen war."[290]

Auch noch kurz vor ihrem Tod kümmerte sich Lola in New York um das Heim der „Magdalen Society" in der 88. Straße. Hier fanden sogenannte „gefallene Mädchen" sowie Prostituierte Aufnahme und wurden zu einem gottgefälligeren Leben ermuntert.

Als Lola sich auf dem Lande von ihrer schweren Erkrankung, die sie sich in England zugezogen hatte, erholte, begann sie im September 1859, ein Tagebuch mit religiös-reuigen Betrachtungen über ihr Leben zu führen: „Oh! Ich wage nicht an die Vergangenheit zu denken. Was war ich da nicht alles gewesen! Ich lebte nur meinen eigenen Leidenschaften; und wie viel Gutes steckt dagegen im besten menschlichen Dasein! Was würde ich nicht dafür geben, meine schrecklichen und angstvollen Erfahrungen als heillose Warnung an solche Geschöpfe, wie ich eins war, weiterzugeben! Und doch, als die Leute, auch meine Mutter, mir den Rücken zuwandten und mich nicht mehr kannten, klopfte JESUS an die Tür meines Herzens – oh! So sanft, aber es war Er allein! Und, in der tiefen, dunklen Stunde meiner seelischen Höllenqual, die kein sterbliches Auge wahrnahm, kam mein Heiland zu der schlimmsten Sünderin und entzündete um mich herum ein süßes Licht (…) Jetzt kann ich ruhiger zurückblicken auf die stürmischen Passagen meines Lebens – ein ereignisreiches Leben, in der Tat – und sehe weiter vorne einen Ruhehafen für meine Seele."[291]

Lola war also religiös erweckt worden, bereute ihre sündige Vergangenheit und wollte in Zukunft bescheiden und gottesfürchtig leben. Dies war ihre letzte Rolle, die sich allmählich immer stärker in die Realität verwandelte.

Krankheit und Tod

Bereits im Frühling 1858 hatte Lola eine alte Schulfreundin aus dem schottischen Montrose in New York wiedergetroffen und die frühere Freundschaft erneuert. Maria Thomson, nunmehr in zweiter Ehe mit einem reichen Blumenhändler verheiratete Buchanan, hatte Lola eine Einladung zu sich nach Hause geschickt, die diese gerne annahm.

Als Lola dann am 30. Juni 1860, einem heißen Donnerstag, einen Schlaganfall erlitt und ins Koma fiel, holte Maria Buchanan ihre pflegebedürftige Freundin zu sich ins Sommerhaus nach Astoria in Manhattan. Lola erwachte zwar einige

Tage später wieder aus der Bewusstlosigkeit, blieb jedoch linksseitig gelähmt und konnte nicht mehr sprechen.

Eine Zeitungsreporterin berichtete: „Lola war halb mit einem Nachtkleid und halb mit Morgengarderobe angetan; sie saß in einem hübschen Garten, und ihre hohlen Wangen, eingesunkenen Augen und die leichenblasse Gesichtsfarbe bildeten einen auffallenden Kontrast zu den fröhlichen Blumen. Nur mit krampfartigen, wiederholten Bemühungen gelang es ihr manchmal, ein verständliches Wort hervorzubringen."[292]

Aber Lola hatte einen eisernen Willen. Bald konnte sie wieder sprechen und einige Schritte gehen. Daher zog sie im Oktober in ein Mietshaus in der West Seventeenth Street 194 und ließ sich dort von der Krankenschwester Margaret Hamilton versorgen.

Zu dieser Zeit besuchte Lolas Mutter, die inzwischen in England lebte, ihre kranke Tochter und wurde von dieser nicht eben erfreut zweimal empfangen. Mrs. Craigie reiste nach drei Wochen wieder zurück, weil sie angeblich gesehen hatte, dass keine großen Reichtümer als Erbe zu erwarten waren. Anscheinend hielt sie aber brieflichen Kontakt mit Lolas Arzt und Maria Buchanan.[293]

Zunehmend besserte sich Lolas Gesundheitszustand in den folgenden Wochen, so dass sie im Dezember wieder allein ausgehen konnte. Am Weihnachtstag machte sie unvorsichtigerweise einen Ausflug, bei dem sie sich erkältete; bald darauf lag sie mit einer gefährlichen Lungenentzündung danieder.

Bereits im Sommer hatte Lola ihr Testament verfasst: 250 Dollar sollten an die „Church of the Good Shepard" gehen und alles Übrige an ihre Freundin Maria Buchanan und deren Sohn David[294], denn Lola Montez hatte keine eigenen Kinder, wenn sich auch in späterer Zeit einige dafür ausgaben. Schwer erkrankt, erneuerte sie im Dezember 1860 ihren letzten Willen und bedachte das Heim der New York „Magdalen Society" mit 300 Dollar. Wieder ging der Rest an ihre Freundin Maria mit der Maßgabe, die Gelder für wohltätige Zwecke zu verwenden.[295] Außerdem soll Lola noch ihre Wohnung in Greenwood verkauft haben; wie viel Geld sie damit erlöste, ist nicht bekannt.[296]

Als Lola fühlte, dass der Tod nahe war, ließ sie Reverend Francis Lister Hawks von der Calvary Episcopal Church an ihr Sterbebett rufen. Dieser besuchte sie mehrmals, las mit ihr die Bibel, bemerkte ihre wahre Reue und ihr eifriges Streben nach göttlicher Vergebung. Am Donnerstag, den 17. Januar 1861, starb Lola Montez, einen Monat vor ihrem 40. Geburtstag. Wenig später stand in der New Yorker Presse: „Am Donnerstag, ihrem Todestag, war Dr. Hawks bei ihr und als der Geistliche sie fragte, ob sie noch denke, dass sie Vergebung durch den Heiland gefunden habe, nickte sie bestätigend, da sie unfähig war zu sprechen."[297]

Im Haus der Buchanans wurde Lolas Leiche aufgebahrt. Man hielt ihren Tod zunächst geheim, damit sie im Kreise der engsten Freunde in aller Stille auf dem Green-Wood Friedhof beigesetzt werden konnte. Eine Zeitung berichtete: „Die Beisetzung fand am Samstag statt. Der Trauergottesdienst der Episkopal-Kirche wurde im Haus von Frau Buchanan abgehalten, und der Sarg mit der Verstorbenen dann von einigen der geachtetsten Bürger samt ihren Familien nach Greenwood geleitet."[298]

Am 8. April 1861 erhielt Ex-König Ludwig I. von Bayern einen Brief aus den Vereinigten Staaten von Amerika: „Sire, / In meiner frühen Kindheit war ich in Schottland die Schulkameradin eines kleinen Mädchens, von dem ich kaum annehmen konnte, daß es mich auf seinem Totenbett einmal bitten würde, Eurer Majestät zu schreiben (...) Sie hat mir oft von Eurer Majestät und Eurer Freundlichkeit und Güte berichtet, die ihr zu Herzen ging – und sie bat mich, Eurer Majestät mitzuteilen, sie habe ihr Leben geändert (...) / Nun also löse ich das Versprechen ein, das ich der verstorbenen Mme. Lola Montez, mir als Eliza Gilbert bekannt, gegeben habe und füge hinzu, daß sie wünschte, ich solle Euch wissen lassen, sie habe aufrichtige Wertschätzung für Eure große Freundschaft bis an ihr Lebensende empfunden. / Sie starb in aufrichtiger Reue und legte ihre Vergebung und Aufnahme in die Hand des Erlösers, siegend nur durch seine Güte (...) / Ich habe die Ehre, Eurer Majestät gehorsamste und untertänige Dienerin sein zu dürfen. / Maria E. Buchanan."[299]

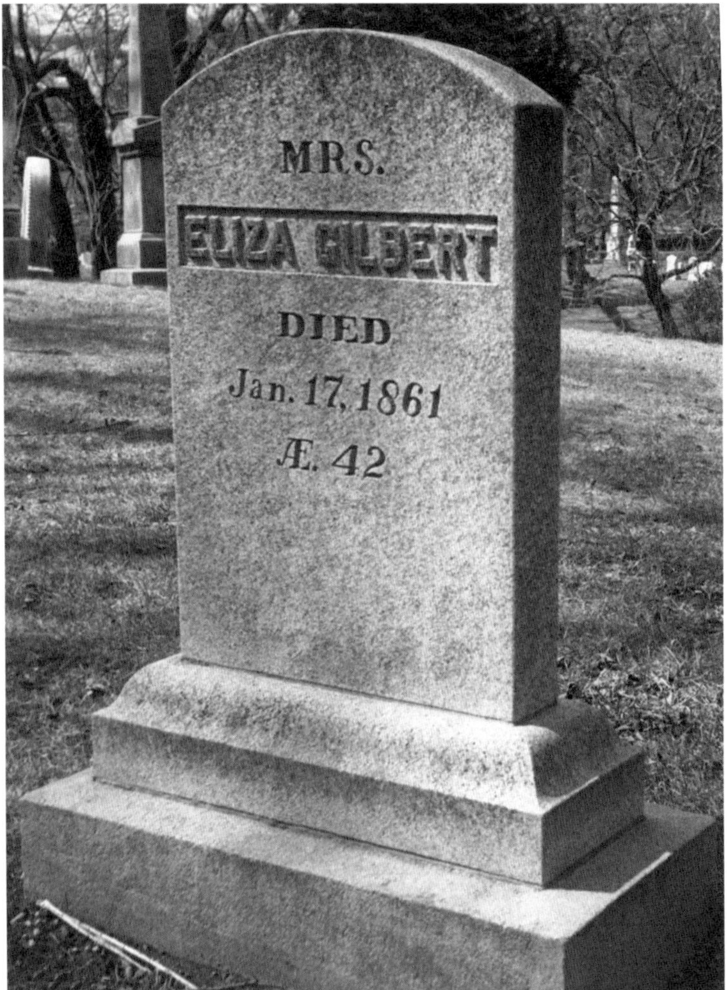

Die Grabstätte: Der neue Grabstein der Lola Montez, geborene Eliza Gilbert, erhobene Gräfin von Landsfeld auf dem New Yorker Green-Wood Friedhof.

Ludwig I. antwortete distanziert: „Mistress Maria Buchanan, / Mit einer großen Befriedigung hörte ich die Reue der L.M. für ihr früheres Benehmen, und es freut mich sehr, daß sie den Auftrag erteilt hat, mich zu informieren. Es ist mir ein großer Trost zu hören, daß sie als Christin gestorben ist. L.M. war eine sehr vornehme Dame. Meinen aufrichtigen Dank für Ihren freundlichen Brief (...). / Ihr sehr verbundener Lewis."[300]

Auf Lolas Grab setzte ihre Freundin Maria einen weißen Marmorstein mit der Inschrift: „Mrs. / Eliza Gilbert / gestorben am 17. Januar 1861 / im Alter von 42 Jahren." Warum das Alter falsch (wie wir heute zu wissen glauben) angegeben wurde, bleibt ein Geheimnis. Noch einmal schrieb Maria Buchanan an den fernen König und bat ihn, sich am Kauf einer Grabeinzäunung zu beteiligen. Diesen Brief beantwortete Ludwig jedoch nicht mehr. Für ihn war der Vorhang vor dem Drama mit Lola Montez längst gefallen.

Bald kursierten über Lolas Sterben die seltsamsten Gerüchte, die auch Niederschlag in manchen Biografien fanden: Einmal soll sie wie eine Gefangene in einem schäbigen Zimmer dahinvegetiert und ein anderes Mal, dem Wahnsinn und der Syphilis verfallen, durch die New Yorker Straßen geirrt sein. Verarmt und verlassen soll sie sich schließlich von der Welt verabschiedet haben.

Lola Montez, Gräfin von Landsfeld, hinterließ aber an Bargeld die nicht unbedeutende Summe von 1247 Dollar, wovon die noch ausstehenden Arztrechnungen und Beerdigungskosten bezahlt wurden. Der Rest ging den testamentarischen Bestimmungen gemäß an die Erben. Lola war also nicht verarmt gestorben, wie oftmals behauptet wurde. Ihre Ersparnisse hatten ihr ein bescheidenes Leben, das zu ihrer religiösen Überzeugung passte, ermöglicht, zugleich aber auch die Bezahlung der Kosten für die Behandlung ihrer schweren Krankheit während der vergangenen sechs Monate, in denen sie keine Einnahmen aus ihren Vorträgen mehr hatte.

Lola Montez, geborene Eliza Gilbert, ruht in New York auf dem Green-Wood Friedhof in der Grabstätte Nummer 12730, Sektion 8. Bereits 1935 war die Inschrift auf dem Grabstein fast verwittert, aber erst am 25. April 1998 errichtete ihr kenntnisreicher Biograf Bruce Seymour einen neuen Grabstein mit der alten Inschrift auf der vorderen Seite und einer ergänzenden neuen auf der Rückseite: „Geboren in Grange, Grafschaft Sligo, am 17. Februar 1821, bekannt als Lola Montez, Gräfin von Landsfeld." Der ursprüngliche Stein wurde, gemäß den Gepflogenheiten des Friedhofs, in der Grabstätte der Lola Montez beigesetzt.[301]

Nachspiele

Als der Tod der berühmten spanischen Tänzerin, Schauspielerin, Schriftstellerin und Vortragsrednerin allgemein bekannt wurde, erschienen zahlreiche Nachrufe in den europäischen Zeitungen. Allen gemeinsam war jedoch der lasche Umgang mit Lolas Lebensdaten. Bereits hier manifestierten sich die nachmaligen Legenden, die sich um ihr Leben rankten, die Lobpreisungen und noch mehr die Hasstiraden, wie sie beispielsweise der Londoner *Daily Telegraph* formulierte: „Da wir von ihrem erbärmlichen Tode erfahren, kommt uns unwillkürlich der Gedanke, er sei kein unangemessenes Ende für ein Leben, bei dem jede einzelne glänzende Stunde der Schändlichkeit festgehalten worden ist."[302] Wohingegen die *New York Times*, nicht gerade zu Lolas Lebzeiten auf ihrer Seite stehend, schrieb: Lola Montez war „großzügig und temperamentvoll im Übermaß: auch leicht aufzuregen, wie es solchen Naturen eigen ist, doch verzeihend und liebevoll. Ihre natürlichen Gaben waren von höchstem Rang, ihre Fähigkeiten waren vielseitig und in mancher Hinsicht großartig."[303]

Die verschiedenen Lebensrollen der Lola Montez inspirierten Künstler, Literaten und Filmemacher zu den unterschiedlichsten Werken.[304] Neben der Malerei – wie Stieler und Kaulbach – machten sich auch bald Regisseure ihr eigenes Bild von Lola Montez: Bereits 1918 produzierte Robert Heyman einen Stummfilm mit Leopoldine Konstantin in der Hauptrolle, und im Jahr 1955 wurde Max Ophüls' Farbfilm mit Martine Carol als Lola in den Kinos gezeigt. Auch Tanzstücke folgten mehr oder weniger Lolas Spuren, beispielsweise 1939 in New York das Ballett „Bachanale“ mit einer Ausstattung von Salvador Dalí. 1957 wurde in Australien das Musical „Lola Montez“ von Peter Stannard uraufgeführt, und in der Spielzeit 2012/13 gab man am Münchner Cuvilliés-Theater „Lola Montez“, ein „Dramma per musica“ von Peter Kreuder und Maurus Pacher in einer modernen Fassung von Tom Kühnel und Jürgen Kuttner. Auch die schreibende Zunft vereinnahmte Lola Montez in zahllosen Theaterstücken und Romanen, etwa 1904 Josef Ruederer in der Komödie „Die Morgenröte“, 1956 Jacques Laurent in seinem Roman „Von Glück und Trauer trunken“, 2005 die bayerischen Schriftstellerin Marianne Wintersteiner in einer Romanbiografie oder jüngst 2011 die irische Autorin Marion Urch in ihrem Roman „Die Tänzerin“.

Schon zu Lebzeiten der Lola Montez erschienen Karikaturen und Satiren, die sich mit ihr und ihrem Lebenswandel befassten. So veröffentlichte ein Anonymus 1847 in Leipzig bei Reclam ein satirisches Märchen mit dem Titel „Molla Lontez“, in dem es heißt: „Wie oft im Leben und in der Geschichte haben ein Paar Beine eine größere Bewegung hervorgebracht, als eine ganze Legion denkender Köpfe.“[305]

Ein gewisser Albert Hopf verfasste 1848 einen Einakter mit dem Titel „Politische Soiree der Ex-Regenten in England und ihre Begegnung mit Lola Montez“, der hier stellvertretend für Lolas Rolle als Peitsche schwingendes und Zigarren rauchendes Teufelsweib kurz referiert wird: Im Exil-Schloss des Grafen von Neuilly haben sich ehemals hochstehende und einflussreiche Männer versammelt. Auftritt Lola Montez bereits im Hintergrund singend: „Ueberall bin ich zu Hause / Ueberall bin ich bekannt; /Aber hole doch der Teufel / Das verfluchte Baierland!“ Der Prinz von Preußen fragt, wer denn diese Frauensperson sei, und Metternich antwortet: „Das ist ja die baierische Pompadour, die dem poetischen Ludwig so treffliche Dienste geleistet hat, daß er sie in den Grafenstand erhob.“ Lola erkennt Metternich und haut ihm mit der Reitpeitsche übers Kreuz: „Du alter Sünder! Hier hört das Pläneschmieden auf. Wie ist's denn? Kein bairisch Bier? Keine Cigarren? Glaubt ihr, ich solle hier an den Nägeln kauen? Da kennt ihr die Lola nicht. Bedienung vor!" Lola schießt mit einer Pistole in die Luft und mehrere Diener kommen herbeigestürzt: „Seht ihr Halunken? Ich will euch Beine machen. Champagner her! Aber schnell; sonst haue ich euch, daß die Fetzen fliegen sollen." Die Diener laufen eilends davon. Lola lorgnettiert die Gesellschaft: „Jetzt laßt euch einmal bei Lichte betrachten. Ach! Nichts los! Sind mir meine Allemannen lieber." Da begehrt am Schlosstor ein Herr Einlass und der Diener meldet: „Er nennt sich Ludwig der Springer und spricht blos in Reimen. Hören Sie, er singt." Man hört haarsträubenden Gesang mit Harfenbegleitung: „So wandre ich nun über Stock und Stein, / Durch Thäler und Klüfte, / Ueber Seen und Grüfte, / So mutterseelen ganz allein. / Mein Auge ist thränig, mein Herz das leidet; / Ach meine Lola find' ich nicht!" Lola springt auf und ruft aus: „Wenn das nicht mein Ludwig ist, so soll mich der Teufel holen! Solche Verse kann kein anderer Dichter machen." Schon liegen sich Lola und Ludwig in den Armen.[306]

Soweit der satirische Einakter, der vor allem die Beziehung zwischen Ludwig und Lola ins Lächerliche zieht und Lolas unweibliches Auftreten abstoßend darstellt.

Trotz des Spottes ist jedoch ernsthaft festzuhalten, dass die Rolle der Lola Montez als Favoritin des bayerischen Königs historisch am bedeutsamsten war, wenn sie auch alle anderen auf der Bühne ihres Lebens ebenso überzeugend spielte.

Franz Grillparzer widmete Lola Montez bereits 1847 ein Gedicht[307], in dem er vor allem ihren fortschrittlichen Einfluss nicht nur auf die bayerische Politik herausstellte. In der letzten Strophe heißt es daher mahnend:

„Drum kehrt euch nicht verachtend von dem Weib,
In deren Arm ein König ward zum Mann:
Sie gab dem besseren Gedanken Leib,
Verlor sich selbst, allein die Welt gewann."

STAMMTAFEL

Herkunft und Familie der Lola Montez

Mary Green
(Mätresse o. Ehefrau „zur Linken“)

Charles Silver Oliver
(† 1817)

außerehelich

John
(* vor 1805)

Thomas
(* vor 1805)

Mary
(* vor 1805)

Eliza(beth) Oliver
(1805–1875)
gelernte Modistin

Maria
Elizabeth
(† 1901)
⚭ Godfrey
Thomas Baker

⚭ (1) 29.04.1820 (Holy Trinity Church, Cork, Irland)
Edward Gilbert
(um 1797–1823)
Offizier des 25. Infanterie-Regiments d. brit. Armee
u. d. 44. Infanterie-Regiments in Indien; Rang: „Ensign“

ELIZA(BETH) ROSANNA GILBERT,
genannt Lola Montez, erhobene Gräfin von Landsfeld
(* 17.02.1821, Grange, County Sligo, Irland;
† 17.01.1861, New York, USA)

⚭ (1) 23.07.1837 (Rathbeggan, Irland)
Thomas James
(1807–1871)
Captain; Eltern: Thomas James u.
Mary Anne Wallace of Ballycoursy;
Landbesitzer; Familiensitz: Willmount
House u. Ballycrystal House, Irland
Ehe getrennt am 15.12.1842

⚭ (2) 19.07.1849 (England)
George Trafford Heald
(1828–1856)
Eltern: George Heald u.
Emma Trafford, reich begütert
in Horncastle u. Wroxham Hall
Ehe wegen Bigamie annulliert

— ⚭ 1805 — Maria Elizabeth
(Tochter v. Abraham Morris)

Richard
hilipp Oliver
Cascoigne
Mary Turner

Thomasine
(† 1888)

Isabella
(† 1897)
verh.
Du Chable

Maria
(† als
Kleinkind)

Silver
Charles
(† 1878)

Abraham
Morris
(1808–1851)

⚭ (2) 16.08.1824 (Dacca, Indien)
Patrick Craigie
(1799–1843)
Leutnant; Eltern: Mary u. Patrick Craigie,
Bürgermeister, Stadtrat u. Apotheker in Montrose, Schottland;
weitere 8 Geschwister, darunter:
Catherine ⚭ William Rae,
gründeten Internatsschule in Monkwearmouth, England

⚭ (3) 02.07.1853 (USA)
Patrick Hull
(† 1853)
Zeitungsherausgeber,
Redakteur
Ehe wird noch 1853 geschieden

ZEITTAFEL

1600–1858	Britische Ostindien Kompanie – mit königlichen Privilegien errichtete Handelsgesellschaft mit Monopolcharakter – verwaltet die britische Kolonie Indien mittels Beamten und Militär
ca. 1760–1830	Industrielle Revolution in Großbritannien
1770	Kapitän James Cook gründet die britische Kolonie New South Wales in Australien; Erfindung des Wiener Walzers als Tanz; wird erst 1814/15 durch den Wiener Kongress („der Kongress tanzt") allgemein bekannt
1783	Anerkennung der amerikanischen Unabhängigkeit (von Großbritannien)
1786	Der spätere König Ludwig I. von Bayern wird in Straßburg geboren
1788	Australien wird britische Sträflingskolonie; Sydney wird gegründet
1789	George Washington wird erster Präsident der USA
1789–1795	Französische Revolution: Frankreich wird Republik
1801	„Act of Union" vereinigt Irland mit Großbritannien: Abschaffung des irischen Parlaments
1806	Ende des „Heiligen Römischen Reiches Deutscher Nation": Franz II. (1768–1835) legt die Kaiserkrone nieder und ist als Franz I. Joseph nur mehr Kaiser des Vielvölkerstaates Österreich (seit 1804)
1807	Raddampfer *Clermont* (noch mit Segeln bestückt) fährt als erstes Linienschiff zwischen New York und Albany (1783/1788 Dampfschiff erfunden und patentiert); erst 1889 erster Hochseedampfer ohne Segel
1810–1825	Südamerikanische Staaten erheben sich gegen die Herrschaft der Spanier und Portugiesen
1811–1886	Franz Liszt, ungarisch-österreichischer Klaviervirtuose, Komponist

1813–1815	Befreiungskriege gegen die napoleonische Herrschaft in Deutschland
1813–1883	Richard Wagner, deutscher Komponist
1814/1815	Wiener Kongress: Neuordnung Europas; Fürst Metternich (1773–1859) als maßgeblicher Politiker
1815	Rückkehr der Bourbonen nach Frankreich: König Ludwig XVIII.
1815–1848	„Restauration" und „Vormärz": Reaktionäre Fürstenpolitik und liberale Bürgeropposition; Zeit des Biedermeier; Beginn des Industriezeitalters
1821	*Lola Montez (LM) wird als Eliza Rosanna Gilbert in Grange (Irland) geboren*
1823–1826	*LM: Kindheit in Indien*
1826	Albany wird in Australien gegründet
1827–1831	*LM im schottischen Montrose*
1829	Gründung von Perth: Britische Kolonie Westaustralien; Katholikenemanzipation in Großbritannien und Irland
1830	Erste Personeneisenbahn von Liverpool nach Manchester eröffnet; Julirevolution in Frankreich: „Bürgerkönig" Louis Philippe
um 1830	Ballett emanzipiert sich von der Oper; der Spitzentanz wird erfunden; die Primaballerina kommt auf (Maria Taglioni, 1804–1884 / Fanny Elßler, 1810–1884); Kostüme zeigten jetzt die Beinarbeit der Tänzerinnen; die Pantomime beeinflusst seit der Französischen Revolution die Ballettkunst; Cancan (Tanz) kommt in Paris auf (2/4 Takt; leitet sich von der Quadrille ab)
seit 1830	eine vielfältige Salon-Szene entsteht in Paris: Künstler werden in die reichen bürgerlichen Häuser geladen
1832–1837	*LM zur Erziehung im englischen Bath*
1835	Eröffnung der ersten deutschen Eisenbahnstrecke von Nürnberg nach Fürth (Personenverkehr); zudem behauptet sich im ganzen 19. Jahrhundert hindurch der Postkutschentransport

1837	*LM: Erste Eheschließung in Irland*
1837–1901	Queen Victoria von Großbritannien
1839–1840	*LM: Ehezeit in Indien*
1841	Beginn der Besiedelung des Westens der USA; *LM zurück in Großbritannien*
1843	*LM: Debüt als spanische Tänzerin in London; Aufenthalt im Fürstentum Reuß-Ebersdorf; Auftritte in Dresden, Berlin und Warschau*
1844	*LM trifft Franz Liszt*
1844–1845	*LM Bohemienne in Paris*
1845–1852	„Große Hungersnot" in Irland: Kartoffelfäule und Missernten
1846–1848	*LM: Favoritin des bayerischen Königs Ludwig I. in München*
1847	(1. Sept.) Bahnstrecke München–Augsburg–Kaufbeuren in Betrieb; wird bis Lindau 1854 fortgeführt
1848	Beginn des „Gold Rush" in Kalifornien
1848–1849	Revolution in Bayern und anderen Ländern (ausgehend von Frankreich, wird Republik): Forderung demokratischer Freiheiten; *Februar 1848: LM geht ins Schweizer Exil;* 20. März 1848: Ludwig I. von Bayern dankt zugunsten seines Sohnes Maximilian ab; blutige Aufstände in Wien; blutige Märzrevolution in Berlin; revolutionäre Aufstände in Baden; Erhebungen von Mailand bis Prag, auch in Ungarn
1848–1849	18.–31. Mai 1849: Nationalversammlung tagt in der Frankfurter Paulskirche; Versuch einer nationalen Einheit und einer deutschen Verfassung; liberale Grundrechte
1849	„Manifest der kommunistischen Partei": Aufruf zum Kampf gegen die bürgerliche Gesellschaft (Marx/Engels); das Proletariat beginnt sich zu formieren
1849–1851	*LM: Zweite Eheschließung in London; Flucht aufs Festland*

1851	*LM: Ankunft in den USA;* Goldrausch in Australien beginnt
1852–1870	Napoleon III. Kaiser der Franzosen
1853	*LM: Dritte Eheschließung in Kalifornien; Umzug in die Goldgräberstadt Grass Valley*
1853–1856	Krimkrieg
1856	*LM: Tournee in Australien*
1857–1860	*LM: Vortragsreisen durch die USA und Irland/England*
1860–1865	Abraham Lincoln Präsident der USA
1861	Paris: Premiere von Richard Wagners „Tannhäuser"; *LM stirbt in New York am 17. Januar*
1868	Ex-König Ludwig I. von Bayern stirbt in Nizza

QUELLEN- UND LITERATURVERZEICHNIS

A. Quellen

1. Archivalien und Handschriften

Bayerisches Hauptstaatsarchiv München

MInn (Innenministerium):

Nr. 43507 (betr. Gendarmerie); Nr. 43 943 (Belohnungen wg. Gräfin Landsfeld 1848); Nr. 45035 (Entfernung der Gräfin Landsfeld 1848/Bekanntmachung betr. Lola Montez); Nr. 45390 (Droh- und Schmähschriften gegen Senora Lola Montez, Gräfin von Landsfeld 1846/47); Nr. 45607 (Straßenexzesse am 1. März 1847 wegen Lola Montez); Nr. 45782–84 (öffentliche Stimmung/Berichte).

Bayerisches Hauptstaatsarchiv München, Abt. III: Geheimes Hausarchiv

Autographen:

Nr. 463 (Brief Diepenbrocks an Ludwig I.; Antwortbrief Ludwigs wegen Lola Montez 1847).

Nachlaß Ludwig I:

ARO 35 (Lola Montez betreffend 1847–48; Brief von der Tanns an Ludwig I. betr. Lola Montez; Schreiben von Elias Peißner 1847; Entführungsversuch); Nr. 52/2/7 (Studentenunruhen 1847; Bericht der Wirtstochter Pfanner, 1848); Nr. 54/4/32 (Erhebung in den Grafenstand u. Anwesen Barer Straße betr.); Nr. 88/4/2 (Aufzeichnungen König Ludwigs I. über Ausgaben wegen Lola Montez); Nr. 586 b (Kabinettsakten wg. Indigenat der Lola Montez); Nr. 586c (Kabinettsakten betr. angeblichen Entführungsversuch); Nr. 587a (Kabinettsakten betr. Lola Montez 1847); Nr. 587d (Kabinettsakten betr. Gründung einer neuen Studentenverbindung).

Nachlaß Lola Montez:

Nr. 1 (Erhebung zur Gräfin Landsfeld); Nr. 2–4; Nr. 4 (Kauf des Hauses in der Barer Straße); Nr. 6 (Briefe der Lola Montez an ihre Anwälte 1850).

Nachlaß August v. Wendland:

Nr. 50 (Briefe König Ludwigs I. an August von Wendland 1847–1865).

Bayerische Staatsbibliothek München, Handschriftenabteilung

Klenzeana:

I, Band V (Erinnerungen Klenzes an die Jahre 1846/47); I, Band VI (Erinnerungen Klenzes an die Jahre 1847/48).

Ludwig I.-Archiv:

Nr. 33 (Briefe Ludwig an Lola Montez); Nr. 34 (Briefe Lola Montez an Ludwig); Nr. 36 (Ludwigs Sonette an Lola Montez gebunden in blauen Samt; eigenhändige Aufzeichnungen); Nr. 37 (Gedichte und sonstige Nachrichten über Lola Montez); Nr. 38 (Briefe Ludwigs an dritte Personen); Nr. 39 (Berichte und Briefe verschiedener Personen Lola Montez betreffend; Lola Montez betreffende Schreiben von August von Wendland, Diplomat in Paris, 1850–1866); Nr. 40 (Briefe der Lola Montez an verschiedene Personen); Nr. 41 (Briefe an Lola Montez von verschiedenen Personen); Nr. 42 (Briefe über Lola Montez von Dritten an Dritte).

Cork City and County Archives

List of Freemen of Cork City, 1710–1841.

Deutsches Theatermuseum München

Michael Laroche: Tagebuch eines Tänzers, 1822–1847, Autograph (Sign. 2° R4).

Staatsarchiv München

RA Fasz. 1165 Nr. 16177 (Polizei-Gegenstände, Personalia Lola Montez 1846/47)

Stadtarchiv München

Chronik der kgl. Residenz- und Hauptstadt München von Ulrich v. Destouches, Jg. 1840–48 (Film Nr. 3)

Polizeikartenregister 1826–1868

2. Zeitgenössische Literatur und gedruckte Quellen

Anonymus: Molla Lontez. Leipzig 1847, Satire, in: Bibliothek des Deutschen Theatermuseums München.

Anonymus: Lola Montez. Abenteuer der berühmten Tänzerin. Von ihr selbst erzählt. Aus dem Französischen. Leipzig 1847 (beigelegt der Chronik der Stadt München).

Anonymus: Anfang und Ende der Lola Montez in Bayern. Wahrheitsgetreue Schilderung der Zeit von Oktober 1846 bis Februar 1848. München 1848.

Anonymus (George Henry Francis): Lola Montez und ihre politische Stellung in München. München 1848.

Blätter aus dem Kieler Theatermuseum: Um Lola Montez. Kiel 1930.

Chroust, Anton von (Hg.): Gesandtschaftsberichte aus München 1814–1848. 14 Bände, München 1935–1951.

Dürck-Kaulbach, Josefa (Hg.): Erinnerungen an Wilhelm von Kaulbach und sein Haus. Mit Briefen und hundertsechzig Abbildungen. München 1915.

Erdmann, Paul: Lola Montez und die Jesuiten, Eine Darstellung der jüngsten Ereignisse in München. Hamburg 1847.

Hawks, Francis Lister: The Story of a Penitent – Lola Montez. New York 1867.

Hopf, Albert: Politische Soiree der Ex-Regenten in England und ihre Begegnung mit Lola Montez. Berlin 1848 (satirisches Theaterstück in einem Akt).

Kaulbach s. Dürck-Kaulbach

Kobell, Luise von: Unter den ersten vier Königen Bayerns. Nach Briefen und eigenen Erinnerungen. 2 Bände, München 1894.

Kühn, Richard (Hg.): Hofdamen-Briefe um Habsburg und Wittelsbach (1835–1865). Berlin 1942.

Ludwig I. König von Bayern: Gedichte Ludwigs des Ersten, Königs von Bayern. Vierter Theil. München 1847.

Montez, Lola (Gräfin von Landsfeld): Memoiren. 2 Bände, hrsg. und mit einem Nachwort versehen von Kerstin Wilhelms, Frankfurt a. M. 1986.

Montez, Lola: Fragments from the Diary of Lola Montez. Attributed to Francis Lister Hawks, The Story of a Penitent, New York 1867.
Montez, Lola: The Arts of Beauty or Secrets of a Lady´s Toilet; with Hints to Gentlemen on the Art of Fascinating. New York 1858.
Montez, Lola: Anecdotes of Love. Being a true Account of the Most Remarkable Events Connected with the History of Love, All Ages and Among All Nations. New York 1859.
Montez, Lola (Countess of Landsfeld): Lectures including her Autobiography. New York 1859.
Papon, Auguste: Lola Montez, Memoiren in Begleitung vertrauter Briefe Sr. Majestät des Königs Ludwig von Bayern und der Lola Montez. Stuttgart 1849.
Schmeller, Johann Andreas: Tagebücher, Bd. 2: 1801–1852, hrsg. v. P. Ruf, München 1956.
Signate König Ludwigs I., ausgewählt und eingeleitet von Max Spindler, hrsg. v. Andreas Kraus, Bd. 6: 1845–1848, München 1994.
Sing, Achim (Hg.): Die Memoiren König Maximilians II. von Bayern 1848–1864. München 1997 (Schriftenreihe zur Bayerischen Landesgeschichte Bd. 112).
Wagner, Cosima: Die Tagebücher. München 1976–78.
Wagner, Richard: Mein Leben. München 1983.

B. Herangezogene Literatur

Aretz, Gertrude: Berühmte Frauen der Weltgeschichte. Bern 1940. Darin Kapitel 9: Lola Montez, S. 301–314.
Augustin-Thierry, A.: Lola Montez. Favorite Royale. Paris 1936.
Bence-Jones, Mark: Burke's Guide to Country Houses. Vol. 1: Ireland. London 1978.
Biedermeiers Glück und Ende. Die gestörte Idylle 1815 bis 1848. Ausstellungskatalog hrsg. v. H. Ottomeyer, München 1987.
Corti, Egon Cäsar Conte: Ludwig I. von Bayern. 7. Aufl. München 1979.
Dickinger, Christian: Die schwarzen Schafe der Wittelsbacher. Zwischen Thron und Wahnsinn. TB 2. Aufl. München/Zürich 2005.
Dömling, Wolfgang: Franz Liszt. München 2011.
Finken, Ursula: Gottlieb Freiherr von Thon-Dittmer 1802–1853. Politische Biographie eines bayerischen Frühliberalen. Kallmünz 1990 (Regensburger Historische Studien, Bd. 13).
Forum Vormärz Forschung (Hg.): Autorinnen des Vormärz. Bielefeld 1997. Darin: Gustav Frank, Memoiren der Lola Montez (1851), S. 163ff.
Fuchs, Eduard: Ein vormärzliches Tanzidyll, Lola Montez in der Karikatur. Berlin 1904.
Goldberg, Isaac: Queen of Hearts. The passionate Pilgrimage of Lola Montez. New York 1936.
Gollwitzer, Heinz: Ludwig I. von Bayern, Königtum im Vormärz. München 1986.
Gollwitzer, Heinz: Ein Staatsmann des Vormärz: Karl von Abel, 1788–1859. Göttingen 1993.

Griffin, Susan: Die Tugenden der Kurtisanen. Mächtige Frauen mit eigener Moral, von Madame de Pompadour bis Lola Montez. München 2002.
Handbuch der bayerischen Geschichte, Bd. IV/1, hrsg. v. Max Spindler, München 1974.
Hanken, Caroline: Vom König geküßt. Das Leben der großen Mätressen. Berlin 1996.
Hansen, Walter: Richard Wagner. Sein Leben in Bildern. München 2006.
Hartmann, Peter Claus: Bayerns Weg in die Gegenwart. Regensburg 2. Aufl. 2004.
Hase, Ulrike von: Joseph Stieler 1781–1858. Sein Leben und sein Werk. München 1971.
Herre, Franz: Ludwig I. – Ein Romantiker auf Bayerns Thron. Stuttgart/Leipzig 2005.
Hojer, Gerhard: Die Schönheitsgalerie König Ludwigs I. München/Zürich 1979.
Holdredge, Helen: The Woman in Black. The Life of Lola Montez. New York 1955.
Hummel, Karl-Joseph: München in der Revolution von 1848/49. Göttingen 1987.
Hüttl, Ludwig: Ludwig I. – König und Bauherr. München/Zürich 1986.
Kosch, Wilhelm: Deutsches Theater-Lexikon. Klagenfurt /Wien 1960.
Kristl, Wilhelm Lukas: Lola, Ludwig und der General. Pfaffenhofen/Ilm 1979.
Kurz, Ferdinand: Der Anteil der Münchner Studentenschaft an den Unruhen der Jahre 1847 und 1848. München 1893.
Liebhart, Wilhelm (Hg.): König Ludwig I. von Bayern und seine Zeitgenossen. Frankfurt a. M. 2003.
Moreno, Enrique: Lola Montez – Reina de Reyes. Madrid 1944.
Morton, James: Lola Montez – Her Life & Conquests. London 2007.
Murr, Karl Borromäus: Ludwig I. Königtum der Widersprüche. Regensburg 2012.
Panzer, Marita A. / Plößl, Elisabeth: Bavarias Töchter. Regensburg 1997 (dies.: Bayerns Töchter, TB Piper 2005), darin: Marita A. Panzer, Lola Montez, S. 67ff.
Paul, Ina Ulrike: Lola Montez, in: NDB, 18, 1997, S. 50f.
Rauh, Reinhold: Lola Montez. Die königliche Mätresse. München 1996.
Rauh, Reinhold: Lolitta und Ludwig – der königliche Briefwechsel mit der Tänzerin Lola Montez. Manuskript Bayerischer Rundfunk, München 1994.
Reiser, Rudolf: König und Dame, Ludwig I. und seine 30 Mätressen. München 1999.
Reiter, Hermann: Die Revolution von 1848/49 in Altbayern. Ihre sozialen und mentalen Voraussetzungen und ihr Verlauf. München 1983 (MBM Heft 109).
Rowe, David/Scallan, Eithne: Houses of Wexford. Whitegate o. J.
Schad, Martha: Bayerns Königinnen. Regensburg 2. Aufl. 1993.
Schmidt, B. (Hg.): Die Reußen. Genealogie des Gesamthauses Reuß. Schleiz 1903.

Schneider, Otto: Tanzlexikon. Mainz u. a. 1985.
Seoighe, M.: The Story of Kilmallock. Cill Mocheallog 1987.
Seymour, Bruce: Lola Montez. Eine Biographie. München/Zürich TB 2. Aufl. 2003 (Engl. Originalausgabe, New Haven/London 1996).
Sheafer, Silvia Anne: Gold Rush Women. Mariposa (California) 1978, 5th Printing 1987.
Stegemann, Michael: Franz Liszt – Genie im Abseits. München 2011.
Urch, Marion: Die Tänzerin. Berlin 2011 (Roman; hier stellvertretend für die Fülle der belletristischen Darstellungen über Lola Montez).
Varley, James F.: Lola Montez. The California Adventures of Europe's Notorious Courtesan. Spokane/Washington 1996.
Weber, Hans-Eberhard: Ebersdorf in früher Zeit und als Residenz der Reußen (1694 bis 1848). Lobenstein 1987 (Schriftenreihe zur Geschichte Ebersdorfs im Kreise Lobenstein, Heft 2).
Weber, Hans-Eberhard: Das Schloß in Ebersdorf. Seine Entstehung im Jahre 1692 und seine weitere Entwicklung bis 1945. Ebersdorf 1995 (Schriftenreihe zur Geschichte Ebersdorfs im Saale-Orla-Kreis, Heft 4).
Weidner, Thomas (Hrsg.): Lola Montez oder eine Revolution in München. Begleitband zur Ausstellung im Münchner Stadtmuseum, Eurasburg 1998.
Wolf, Georg Jacob: Ein Jahrhundert München 1800–1900. 3. Aufl. Leipzig 1935.
Wyndham, Horace: The Magnificent Montez. From Courtesan to Convert. New York 1936.

C. Recherchen im Internet

Zu Castle Oliver und der Oliver-Familie:
Browne, Nicholas: Castle Oliver and the Oliver Gascoignes; website castle oliver/history; Wikipedia, the free encyclopedia, Castle Oliver; Website Landed Estate, NUI Galway, Familiy: Oliver; National Library of Ireland: Castle Oliver Papers, 17th–19th centuries; website The Peerage.
Zu Ballycrystal und der James-Familie:
The Acudestress Home Page (www.acudstress.ca/james)

ANMERKUNGEN

1 Lola Montez, Memoiren, Bd. 1, S. 25; 39f; 41; 35.
2 Ebd., S. 35.
3 Ebd., S. 36ff.
4 Ebd., S. 38.
5 Ebd., S. 25.
6 Kew, Public Record Office, War Office 42/18/81.
7 Es gibt auch eine katholische Kirche St. Peter in Liverpool. Da aber Lolas Eltern nach anglikanischem Ritus der Church of Ireland in Cork geheiratet haben, scheidet diese als die Taufkirche der Lola Montez wohl aus. Allerdings gab sie später öfters an, katholisch zu sein. Ihre Hinwendung zur anglikanischen Kirche in den letzten Lebensmonaten lässt aber eher auf die anglikanische Kirche St. Peter schließen.
8 Weidner, Lola Montez, 1998, 120f. / Anm. 26; Morton, Lola Montez, 2007, 10 und Anm. 1.4: Diese Recherche wurde von Nicholas Shreeve durchgeführt, der die Information an Bruce Seymour weitergab. Die Notiz wohl von Mrs. Gilberts Hand scheint vernichtet worden zu sein, möglicherweise als das Staatsarchiv seine Unterlagen von der Chancery Lane nach Kew überführte (im Original in englischer Sprache).
9 Seymour, Lola Montez, TB 2003, S. 12 u. Anm. 7: Kirchenbuch der Holy Trinity Church (Christ Church), Cork, vol. 11, Marriages, 119.
10 Rauh, Lola Montez, S. 13.
11 Seymour, Lola Montez, TB 2003, S. 12 u. Anm. 5: Testament von Charles Silver Oliver, Old Brompton, 3.5.1815 (Irish Land Commission, Dublin, Box 3643, schedule A, No. 2, record EC 4332).
12 Bence-Jones, Mark, Burke`s Guide to Country Houses, Vol. 1: Ireland, p. 73/74, London 1978.
13 S. Browne, Nicholas: Castle Oliver and the Oliver Gascoignes; website castle oliver/history; Wikipedia, the free encyclopedia, Castle Oliver; Website Landed Estate, NUI Galway, Familiy: Oliver; National Library of Ireland: Castle Oliver Papers, 17th–19th centuries; website The Peerage.
14 List of Freemen of Cork City, 1710–1841, p. 72, Cork City and County Archives.
15 Lola Montez, Memoiren, Bd. 1, S. 60.
16 Ebd., S. 66f.
17 Seymour, Lola Montez, S. 17f.
18 Zit. nach ebd., S. 20f. – J.G. Grant, Letter to „Sunderland Herald", 31. August 1849 (zit. nach Morton, Lola Montez, S. 13f.; im Original in englischer Sprache).
19 Jasper Nicolls' Journal, 14. September 1832, British Library, India Office, London, MSS Eur. F. 175 (zit. nach Morton, Lola Montez, S. 14; im Original in englischer Sprache).
20 Sir Jasper Nicolls wurde 1838 nach Madras abberufen, ging 1839 nach Bengalen (Indien) und kehrte erst 1843 wieder nach England zurück.

21 Lola Montez, Memoiren, Bd. 1, S. 89f.
22 www.zpub.com/sf/history/lola/lm-Persons.doc.
23 Lola Montez, Memoiren, Bd. 1, S. 114.
24 Ebd., S. 119.
25 Dies vermerkt Morton, Lola Montez, S. 17, ohne jedoch seine Quelle zu nennen.
26 Heldredge, Lady in Black, S. 92.
27 Jasper Nicolls´ Journal, 31. July 1837, zit. nach Morton, Lola Montez, S. 17 (im Original in englischer Sprache).
28 Nicolls` Tagebuch, 15. November 1837, zit. nach Seymour, Lola Montez, S. 29.
29 Dazu David Rowe und Eithne Scallan, Historical Genealogical Architectural notes on some Houses of Wexford, o. J.
30 Lola Montez, Memoiren, Bd. 1, S. 126.
31 Den Namen Watson benutzte Lola später, um unerkannt zu bleiben. Oft wurde sie daher fälschlich als Betsy (von Elizabeth) Watson bezeichnet. – Nach „The James Familiy of Ballycrystal and Willmount House", in: www.acudestress.ca/james/Ireland_files/JamesGenealogy-Final2.pdf.
32 Lola Montez, Memoiren, Bd. 1, S. 128.
33 Seymour, Lola Montez, S. 32.
34 Emily Eden, Up the Country, London 1930, S. 316f., zit. nach Seymour, Lola Montez, S. 34f.
35 Ebd.
36 Ebd.
37 Lola Montez, Memoiren, Bd. 1, S. 213.
38 Emily Eden, 341f., zit. nach Seymour, Lola Montez, S. 36; und auf Englisch bei Morton, Lola Montez, S. 22f.
39 Nach Seymour, Lola Montez, S. 77: Major Craigie hinterließ noch ein anderes Erbe, nämlich den „Craigie-Toast", ein geröstetes Brot belegt mit Tomaten, Eiern, Worcestersauce und Gewürzen.
40 Nach Morton, S. 27: Undatierter Brief der Lola Montez aus Edinburgh, wohl Februar 1842.
41 Seymour, Lola Montez, S. 46.
42 Siehe Morton, S. 29: Morton schreibt in diesem Zusammenhang vom Jahr 1843 (wohl ein Versehen!).
43 Morning Post, London, 3. 6. 1843, zit. nach Seymour, Lola Montez, S. 51.
44 Ebd., S. 54.
45 Ebd.
46 Ebd, S. 55.
47 Lola Montez, Memoiren, Bd. 1, S. 479ff.
48 Nach Weber, Ebersdorf in früherer Zeit, Heft 2, 1987, S. 2f.
49 Alle Angaben zu Ebersdorf nach Weber: Das Schloß in Ebersdorf, Schriftenreihe zur Geschichte Ebersdorf im Saale-Orla-Kreis, Heft 4, Ebersdorf 1995.
50 Ebd., S. 38: „Im Ebersdorfer Schloß hat sich im Jahre 1771 ein Tischler ein Herz gefaßt und hat auf ein Fußbodenbrett geschrieben: ‚Gottfried

Panzer, Tischler allhier. Dieser Boden ist gemachet, da das Brod sehr teuer war. Achtel Korn 2 Thaler, 16 Groschen.'"

51 Ebd., S. 36.

52 Ebd., S. 19.

53 Alle männlichen Erstgeborenen der verzweigten Familie hießen Heinrich, und so kam es zu dieser horrenden Zählweise der Regenten des Fürstentums!

54 Weber, Ebersdorf in früher Zeit, Heft 2, S. 32.

55 Ebd., S. 33.

56 Ebd.

57 Nach ebd., S. 33, u. Heft 4, S. 45.

58 Szene nach Seymour, Lola Montez, S. 64, der für Ebersdorf auf K.G.M., Das erste Auftreten von Lola Montez in Deutschland, ohne nähere Angaben verweist.

59 Seymour, Lola Montez, S. 65; Weber, Ebersdorf, Heft 2, S. 33, u. Heft 4, S. 45.

60 Zit. nach Seymour, Lola Montez, S. 67.

61 Allgemeine Theater Chronique v. 6.9.1843, Königliche Privilegierte Berlinerische Zeitung v. 28.8.1843, Münchener Conversationsblatt v. 5.10.1843, siehe Seymour, Lola Montez, S. 69.

62 Bericht des August von Fray v. 8. Oktober 1846, zit. nach Rauh, Lola Montez, S. 52.

63 Vgl. dazu Seymour, Lola Montez, S. 72–76.

64 Zit. nach ebd., S. 80. – Seymour stützt sich für die Angaben zum Aufenthalt in Warschau auf polnische Veröffentlichungen, z. B. Sigma, Lola Montez w Warszawie, Tygodnik Illustrowany, Nr. 21, 1912, S. 21–409.

65 Simon, L., L'extraordinaire aventure de Lola Montez, Archives internationales de la danse, Oktober 1935, S. 133–135; hier S. 135 (zit. nach ebd., S. 82).

66 Königsbergische Preußische Staats-, Kriegs- und Friedens-Zeitung, 4. u. 6. Januar 1844, vgl. auch Allgemeine Theater Chronique, Leipzig, 31. Januar 1844 (zit. nach ebd., S. 84).

67 Nach ebd., S. 88.

68 Richard Wagner, Mein Leben, S. 283, und Cosima Wagner, Cosima Wagners Tagebücher, Bd. 1, S. 37 (13. Januar 1869) – zit. nach Morton, Lola Montez, S. 50. – Vgl. auch Seymour, Lola Montez, S. 89; Rauh, Lola Montez, S. 61.

69 Dürck-Kaulbach, Erinnerungen an Wilhelm von Kaulbach und sein Haus. 2. Aufl. 1918, S. 355.

70 Zit. nach Seymour, Lola Montez, S. 91f.

71 Erinnerungen des Justizreferendars Karl Schorn, zit. nach Rauh, Lola Montez, S. 78.

72 Zitat bei Seymour, Lola Montez, S. 92.

73 Estafette, Paris, 2. April 1844 (zit. nach ebd., S. 96).

74 Gemäß Gerichtsprotokoll 1846, hier zit. nach ebd., S. 104.

75 Gerichtsprotokoll, zit. nach ebd., S. 118.

76 Abschrift eines Artikels aus der Mannheimer Abendzeitung, Nr. 28, v. 16. Feb. 1847, Staatsarchiv München, RA Fasz. 1165 Nr. 161777.

77 Stadtarchiv München, Polizeikartenregister der Stadt München 1846 bis 1848 (PKR Serie V/58831).
78 Signate König Ludwigs I., Bd. 6, Nr. 317, S. 317.
79 Kobell, Luise von: Unter den ersten vier Königen, Bd. 1, S. 178.
80 Signate König Ludwigs I., Bd. 6, Nr. 318, S. 317.
81 Kobell, Unter den ersten vier Königen Bayerns. München 1894, hier: Bd. 1, S. 177.
82 Ebd., S. 178.
83 Michael Laroche: Tagebuch eines Tänzers, 1822–1847, Autograph im Deutschen Theatermuseum München (Sign. 2° R4) u. zit. bei Weidner, Lola Montez, S. 321.
84 Klenzeana I, 5 (1846/1847), Handschriftenabteilung, Staatsbibliothek München. – Die Interpunktion wurde der heutigen vorsichtig angepasst, um eine bessere Lesbarkeit zu gewährleisten.
85 Zit. nach Weidner, Lola Montez, S. 172/Anm. 81.
86 Josephine Kaulbach an Wilhelm von Kaulbach, 30. Juni 1847, in: Dürck-Kaulbach (Hg.), Erinnerungen an Wilhelm von Kaulbach und sein Haus, S. 206.
87 Zit. nach Weidner, Lola Montez, S. 165.
88 Ludwig I. an Lola Montez, München, den 24. Juni 1849, in: Briefwechsel, hrsg. Rauh / Seymour, S. 326.
89 Erdmann, Lola Montez und die Jesuiten, Hamburg 1847, S. 15f.
90 Ludwig an Lola, München, den 24. Februar 1848, in: Rauh / Seymour, Briefwechsel, S. 119.
91 Zit. nach Seymour, Lola Montez, S, 171.
92 Anonymus: Anfang und Ende der Lola Montez in Bayern, München 1849, S. 3.
93 Anonymus: Lola Montez und ihre politische Stellung, S. 7.
94 Zit. nach Corti, König Ludwig I., 1937, S. 465.
95 Nachlaß Ludwig I, Nr. 88/4/2, Bayerisches Hauptstaatsarchiv, Abt. III: Geheimes Hausarchiv.
96 Nach Seymour, Lola Montez, S. 140.
97 Nachlaß Lola Montez Nr. 2-4, Hauptstaatsarchiv München, Abt. III: Geheimes Hausarchiv. – Nachlaß Lola Montez, Nr. 4 (Kaufurkunde), Bayerisches Hauptstaatsarchiv München, Abt. III: Geheimes Hausarchiv.
98 Nachlaß Lola Montez, Nr. 4 (Kaufurkunde); a. a. O., Abt. III: Geheimes Hausarchiv.
99 Anonymus: Lola Montez und ihre politische Stellung, S. 12.
100 Ebd., S. 13.
101 Johann Andreas Schmeller, Tagebuch II, S. 457 (Eintrag vom 27. Mai 1847). – Diesen Hinweis verdanke ich Dr. Bernhard Lübbers, Leiter der Staatlichen Bibliothek in Regensburg.
102 Anonymus (Francis): Lola Montez und ihre politische Stellung, S. 13f.
103 Ebd., S. 14.
104 Nachlaß Ludwig I., Nr. 587d (Kabinettsakten), Bayerisches Hauptstaatsarchiv München, Abt. III: Geheimes Hausarchiv.
105 Schreiben von Elias Peißner an König Ludwig I., München, 23. Juli 1847, Nachlaß Ludwig I., ARO 35, a. a. O.

106 Gemäß Seymour, Lola Montez, S. 492f.
107 Zit. nach Herre, Ludwig I., S. 271.
108 Polizei-Gegenstände, Personalia Lola Montez, RA Fasz. 1165 Nr. 16177, Staatsarchiv München.
109 Ebd.
110 Droh- und Schmähschriften in Bezug auf Senora Lola Montez (Gräfin von Landsfeld)1846ff, MInn Nr. 45390, Bayerisches Hauptstaatsarchiv München.
111 Ebd.
112 Nachlaß König Ludwig I. (Kabinettsakten), Schreiben v. 30. März 1847, a. a. O., Abt. III (Geheimes Hausarchiv).
113 Schmähschriften etc., MInn Nr. 45390, a. a. O.
114 Nachlaß König Ludwig I., Nr. 586 b (Kabinettsakten), a. a. O., Abt. III (Geheimes Hausarchiv).
115 Signate König Ludwigs I., Bd. 6, S. 371, Nr. 012 vom 7. Januar 1847.
116 Ebd., S. 382, Nr. 053 vom 10. Februar 1847.
117 Nachlaß König Ludwig I., Nr. 587a (Kabinettsakten), Bayerisches Hauptstaatsarchiv München, Abt. III: Geheimes Hausarchiv.
118 Kobell, Unter den ersten Königen, Bd. 1, S. 176.
119 Klenzeana I,5 (1846/47), Handschriftenabteilung, Staatsbibliothek München.
120 Schmähschriften etc., MInn Nr. 45390, Bayerisches Hauptstaatsarchiv München.
121 Kühn (Hg.): Hofdamen-Briefe, S. 111.
122 Autographen, Nr. 463, Bayerisches Hauptstaatsarchiv München, Abt. III: Geheimes Hausarchiv.
123 König Ludwig I. an Bischof Diepenbrock, 9. Febr. 1847, a. a. O.
124 Anzeigen und Anträge des Königl. Oberkriegskommissärs Mußinan bezüglich der politischen Stimmung etc. 1847, MInn Nr. 45783, a. a. O.
125 Anonymus: Anfang und Ende der Lola Montez in Bayern, München 1848, S. 5.
126 Ebd., S. 4.
127 Kalendernotizen einer Köchin 1847 bis 1848, Taschenkalender, Ulm o. J. (zit. nach Weidner, Lola Montez, S. 319).
128 Anonymus: Anfang und Ende der Lola Montez in Bayern, S. 6f.
129 Ebd., S. 7.
130 König Ludwig I. von Bayern an Lola Montez, Aschaffenburg, den 4. August 1847; zit. nach Rauh / Seymour, Briefwechsel, S. 51.
131 Nachlaß Ludwig I., ARO 35, I: Lola Montez betr., 1847–48, Bayerisches Hauptstaatsarchiv München, Abt. III: Geheimes Hausarchiv.
132 Ludwig I. von Bayern an Lola Montez, Aschaffenburg, 21. August 1847, in: Rauh / Seymour, Briefwechsel, S. 63.
133 Zit. nach Herre, Ludwig I., S. 278.
134 Zit. nach Weidner, Lola Montez, S. 260.
135 Josephine Kaulbach, Brief v. 25. August 1847, in: Dürck-Kaulbach (Hg.), Erinnerungen an Wilhelm von Kaulbach und sein Haus, S. 238f.
136 Brief v. 30. August 1847, zit. nach Rauh / Seymour, Briefwechsel, S. 61.
137 Königin Therese an König Ludwig I. von Bayern, zit. nach Seymour, Lola Montez, S. 211.

138 Wolf, Ein Jahrhundert München, S. 273.
139 Schmeller, Tagebucheintrag vom 28.2.1847, zit. nach Weidner, Lola Montez, S. 263.
140 Geheime Überwachung der öffentlichen Stimmung in München, MInn Nr. 45784, 26. Jan. 1848, Bayerisches Hauptstaatsarchiv München.
141 Ludwigs Anmerkung unter die Eingabe der Bürgerschaft, München, 10. Februar 1848, zit. nach Spindler, Handbuch IV, S. 215/Anm. 1.
142 Kobell, Unter den ersten vier Königen, Bd. 1, S. 186.
143 Nachlaß Ludwig I., Nr. 52/2/7, Bayerisches Hauptstaatsarchiv München, Abt. III: Geheimes Hausarchiv. – Der besseren Lesbarkeit wegen wurde der Bericht mit Satzzeichen versehen.
144 Peißner an Ludwig I., Vilseck, den 5. Januar 1849, Staatsbibliothek München, Handschriftenabteilung, Ludwig I. – Archiv, Nr. 39.
145 Lola an Ludwig, Augsburg, den 12. Februar 1848, in: Rauh / Seymour, Briefwechsel, S. 100.
146 Ludwig an Lola, München, den 18. Februar 1848, in: ebd., S. 109.
147 Lola an Ludwig, Zürich, den 25. Februar 1848, in: ebd., S. 122.
148 Schreiben des Oscar Mußinan an Staatsrat Berks, München, 28. Februar 1848, Nachlaß Ludwig I., ARO 35, Bayerisches Hauptstaatsarchiv München, Abt. III: Geheimes Hausarchiv.
149 Allgemeine Zeitung v. 16. Februar 1848, zit. nach Rauh / Seymour, Briefwechsel, S. 107.
150 Zit. nach Weidner, Lola Montez, S. 295.
151 Ludwig I.-Archiv, Nr. 37, Bayerische Staatsbibliothek München, Handschriftenabteilung.
152 Innenministerium an den König, 16. März 1848, MInn 45035, Bayerisches Hauptstaatsarchiv München.
153 Bekanntmachung v. 17. März 1848, a. a. O.
154 Zit. nach Wolf, München, S. 297.
155 Rauh / Seymour, Briefwechsel, S. 139 (Brief v. 12. März 1848).
156 Kobell, Unter den ersten vier Königen, Bd. 1, S. 193.
157 Ludwig an Lola, München, den 19. März 1848, in: Rauh / Seymour, Briefwechsel, S. 144. – Unterstreichung im Originalbrief.
158 Königliches Patent vom 20. März 1848, zit. nach der Abbildung in: ebd., S. 148.
159 Ludwig an Lola, München, den 21. März 1848, in: ebd., S. 155.
160 Ludwig an Lola, München, den 29. April 1848, in: ebd., S. 181.
161 Ludwig an Lola, München, den 18. Mai 1848, in: ebd., S. 189.
162 Lola Montez, Memoiren, Bd. 2, S. 1698f.
163 Dieser Briefwechsel ist noch erhalten und kann in der Handschriftenabteilung der Bayerischen Staatsbibliothek zu München eingesehen werden. Dankenswerterweise haben Reinhold Rauh und Bruce Seymour die Briefe ins Deutsche übertragen und herausgegeben: Ludwig I. und Lola Montez, Der Briefwechsel, München / New York 1995.
164 Lola sprach Ludwig mit dem französischen Vornamen Louis an und nicht mit dem spanischen Luis, wie Ludwig in seinen Briefen an sie unterschrieb.

165 Ludwig an Lola, München, den 8. Mai 1848, in: Rauh / Seymour, Briefwechsel, S. 186. – Unterstreichung im Originalbrief.
166 Ebd., S. 186f (Brief v. 9. Mai 1848).
167 Ebd., S. 186f (Brief v. 9. Mai 1848).
168 Ebd., S. 187 (Brief v. 9. Mai 1848).
169 Ebd.
170 Ebd., S. 199f (Brief v. 8. Juni 1848).
171 Ebd., S. 202 (Brief v. 18. Juni 1848).
172 Ebd., S. 199f (Brief v. 8. Juni 1848).
173 Ebd., S. 216f (nach dem 8. August 1848).
174 Papon, Lola Montès, 1849.
175 Rauh / Seymour, Briefwechsel, S. 236.
176 Ebd., S. 224 (Brief v. 28. August 1848).
177 Ebd., S. 229 (Brief v. 1. September 1848).
178 Ebd., S. 253 (Brief v. 1. November 1848).
179 Ebd., S. 263 (Brief v. 27. November 1848).
180 Ebd., S. 268 (Brief v. 1. Dezember 1848).
181 Ebd., S. 269 (Brief v. 7. Dezember 1848).
182 Ebd., S. 271 (Brief v. 14. Dezember 1848).
183 Ebd.
184 Ebd., S. 271f (Brief v. 11. Dezember 1848).
185 Ebd., S. 272 (Brief v. 11. Dezember 1848).
186 Ebd., S. 273 (hier als Brief v. 19. Januar (!) 1848 bezeichnet, muss wohl heißen 19. Dezember 1848).
187 Ebd., S. 272 (Brief v. 17. Dezember 1848).
188 Ebd., S. 275 (Brief v. 25. Dezember 1848).
189 Ebd., S. 273 (Brief v. 21. Dezember 1848).
190 Ebd., S. 272 (Brief v. 11. Dezember 1848).
191 Ebd., S. 291 (Briefe v. 9., 10., 11. Februar 1849).
192 Ebd., S. 292 (Brief v. 11. Februar 1849).
193 Ebd., S. 293 (Briefe v. 17. / 18. / 21. Februar 1849). – Doppelte Unterstreichung im Original.
194 Ebd., S. 298 (Brief v. 1. März 1849).
195 Ebd., S. 314 (Brief v. 11. April 1849).
196 Ebd., S. 320 (Brief v. 6. Mai 1849).
197 Ebd., S. 324f (Brief v. 15. Juni 1849).
198 Ebd., S. 325 (Brief v. 15. Juni 1849).
199 Ebd., S. 269 (Brief v. 7. Dezember 1848).
200 Ebd., S. 331f (Brief v. 16. Juli 1849). – Unterstreichung im Original.
201 Verzeichnet in der biografischen Liste der „Cambridge alumni“ von 1261 bis 1900 (im Internet zugänglich).
202 Nach Seymour, Lola Montez, S. 319.
203 Nach ebd., S. 323.
204 Holdredge, Lady in Black, S. 87.
205 Morton, Lola Montez, S. 165.
206 Zit. nach Rauh, Lola Montez, S. 154f.
207 Zit. nach Heldredge, Lady in Black, S. 90.

208 Daily News vom 8. August 1849, in: Lola Montez, Memoiren, Bd. 2, Nachschrift, S. 1811.
209 Le Courier de l'Europe (London) v. 15. September 1849, in: Rauh / Seymour, Briefwechsel, S. 344.
210 Ebd., S. 351 (Brief v. 31. Dezember 1849 aus Cadiz).
211 Meint Morton, Lola Montez, S. 173.
212 Zit. nach ebd., S. 174.
213 Ludwig I.-Archiv, Nr. 39 (Brief Wendland an Ludwig v. 5. Juni 1850), Bayerische Staatsbibliothek München, Handschriftenabteilung.
214 A. a. O., Brief aus Paris v. 3. Juni 1850.
215 Ebd.
216 Nachlaß Lola Montez, Nr. 6, Bayerisches Hauptstaatsarchiv München, Abt. III: Geheimes Hausarchiv.
217 Wendland an Ludwig, a. a. O., Brief v. 18. Okt, 1850.
218 Ebd.
219 Ebd.
220 Wendland an Ludwig, a. a. O., Brief v. 21. Dez. 1850.
221 Rauh / Seymour, Briefwechsel, S. 359 (Brief v. 26. Juni 1850 aus Paris).
222 Ebd., S. 366 (Brief empfangen am 26. März 1851 aus Paris).
223 Ebd., S. 370.
224 Laut ebd., S. 339.
225 Morton, Lola Montez, S. 196.
226 Rauh / Seymour, Briefwechsel, S. 367 (handschriftliche Notiz in französischer Sprache).
227 König Ludwig I. an Wendland, Brief aus Rom v. 7. Mai 1851, in: Nachlaß August v. Wendland, Nr. 50 I, Bayerisches Hauptstaatsarchiv, Abt. III.: Geheimes Hausarchiv.
228 König Ludwig I. an Wendland, Brief aus Berchtesgaden v. 30. Juli 1851, in: Nachlaß August Wendland, a.a.O.
229 Nach Seymour, Lola Montez, S. 257.
230 New York Herald v. 17. Januar 1852, zit. nach Morton, Lola Montez, S. 209f.
231 Ludwig I. an Wendland, Briefe v. 2. Januar 1852 und v. 6. Januar 1852, in: Nachlaß August v. Wendland, Bayerisches Hauptstaatsarchiv München, Abt. III: Geheimes Hausarchiv, Nr. 50/I.
232 Zit. nach Seymour, Lola Montez, S. 364.
233 Ludwig I. an Wendland, Brief v. 8. August 1852, in: Nachlaß August von Wendland, Bayerisches Hauptstaatsarchiv München, Abt. III: Geheimes Hausarchiv, Nr. 50/I.
234 Ludwig I. an Wendland, Brief v. 12. Januar 1853, in: Nachlaß August v. Wendland, a. a. O.
235 Wendland an Ludwig, Brief aus Paris v. 1. April 1854, in: Ludwig I.-Archiv, Nr. 39, Bayerische Staatsbibliothek München, Handschriftenabteilung.
236 Zit. nach Morton, Lola Montez, S. 235.
237 Zeitungsausschnitt, den Wendland seinem Brief an Ludwig I. v. 1. April 1854 beilegte, in: Ludwig I.-Archiv, Nr. 39, Bayerische Staatsbibliothek München, Handschriftenabteilung.

238 Nach Rauh / Seymour, Briefwechsel, S. 360.
239 Zit. nach der biografischen Liste der „Cambridge alumni" von 1261 bis 1900 (zugänglich im Internet).
240 Nach Seymour, Lola Montez, S. 494.
241 Nach Varley, Lola Montez, S. 157. – Varley untersuchte vor allem die „Kalifornischen Abenteuer" der Lola Montez. Auf seine Forschungen stütze ich mich im Folgenden, so nichts anderes vermerkt wird.
242 Telegraph v. 15. Dezember 1853, zit. nach ebd., S. 164.
243 Nach Seymour, Lola Montez, S. 401.
244 National Gazette, Nevada City, v. 11. Nov. 1855, zit. nach ebd., S. 408.
245 Nach ebd., S. 406.
246 Nach ebd., S. 407. – Lucy Stone, Publizistin und Frauenrechtlerin, organisierte in leitender Position 1850 die erste Nationale Frauenrechtskonvention in Worcester, Massachusetts.
247 Ludwig I. an Wendland, Brief v. 13. Januar 1856, in: Nachlaß August v. Wendland, Bayerisches Hauptstaatsarchiv München, Abt. III: Geheimes Hausarchiv, Nr. 50/II.
248 Nach Seymour, Lola Montez, S. 410.
249 Zit. nach ebd., S. 413f.
250 Zit. nach ebd.
251 Zit. nach ebd., S. 420.
252 Nach ebd., S. 423.
253 Zit. nach ebd., S. 429.
254 Zit. nach ebd., S. 430f.
255 Nach Varley, Lola Montez, S. 221 u. 222f.
256 San Francisco Bulletin v. 17. Okt. 1856, zit. nach ebd., S. 226.
257 Nach ebd., S. 180.
258 Zit. nach Seymour, Lola Montez, S. 446.
259 Zit. nach ebd., S. 355.
260 Staatsbibliothek München, Handschriftenabteilung, Ludwig I.-Archiv, Nr. 39 (1850–1861).
261 Artikel im „Quebec Colonist", a. a. O.
262 Ludwig I.-Archiv, Nr. 39 (1850-1861), a. a. O.
263 Notiz a. a. O.
264 A. a. O., Archiv, Nr. 39 (1850–1861).
265 Daily Argus (Montreal), v. 29. August 1857, zit. nach Seymour, Lola Montez, S. 450.
266 Dieser Zeitungsartikel liegt Wendlands Brief an Ludwig aus Paris vom 15. Februar 1861 bei, in: Ludwig I.-Archiv, Nr. 39, Bayerische Staatsbibliothek München, Handschriftenabteilung.
267 Nach Seymour, Lola Montez, S. 454.
268 Ludwig I-Archiv, Nr. 37, Bayerische Staatsbibliothek München, Handschriftenabteilung.
269 Ludwig I. an Wendland, Brief v. 3. Januar 1858, in: Nachlaß August v. Wendland, Bayerisches Hauptstaatsarchiv München, Abt. III: Geheimes Hausarchiv, Nr. 50/II.
270 Wie James Morton, Lola Montez, S. 292, vermutet.
271 Das meint Susan Griffin, Die Tugenden der Kurtisanen, S. 259.

272 Vgl. dazu Forum Vormärz Forschung, Autorinnen des Vormärz, S. 197–202.
273 Ludwig I.-Archiv, Nr. 37, Bayerische Staatsbibliothek München, Handschriftenabteilung.
274 Brief an den „New York Herald" v. 4. November 1858, zit. nach Seymour, Lola Montez, S. 464.
275 Originaltitel: „The Arts and Secrets of Beauty or Secrets of a Lady's Toilet with Hints to Gentlemen on the Art of Fascinating."
276 Zit. nach Kristl, Lola, Anhang S. 161.
277 Lola Montez, Lectures, S. 122. – Dt. Übersetzung zit. nach ebd., S. 148.
278 Zit. nach ebd., S. 157.
279 Zit. nach ebd., S. 152.
280 Zit. nach ebd., S. 154.
281 Vgl. Inschrift der Gedenktafel in Grass Valley (s. Abb. S. 134): „(...) eine höchst bemerkenswerte Frau der Geschiche und eine Begründerin der heutigen Kosmetikindustrie."
282 Lola Montez: „Anecdotes of Love. Being a True Account of the Most Remarkable Events Connected with the History of Love, All Ages and Among All Nations", New York 1859.
283 So Silvia A. Sheafer, Gold Rush Women, S. 51.
284 Lola Montez, Memoiren, Bd. 1, S. 980.
285 Zit. nach Seymour, Lola Montez, S. 466.
286 Galway Vindicator v. 24. Nov. 1858, zit. nach ebd., S. 468.
287 Lola Montez an Maria Buchanan, Brief v. 6. März 1859 aus Louisville, zit. nach ebd., S. 482.
288 Zit. nach ebd., S. 467.
289 Lola Montez an Miss Mitchell, Brief v. 4. April 1859, zit. nach ebd., S. 473f.
290 British Spiritual Telegraph, London, v. 1. Mai 1859, zit. nach ebd., S. 474.
291 Diary of Lola Montez, S. 20f.
292 Sunday Dispatch (Philadelphia) v. 9. Sept. 1860, zit. nach Seymour, Lola Montez, S. 484.
293 Nach Morton, Lola Montez, S. 318; auch ebd., S. 485.
294 Nach ebd., S. 485.
295 Nach ebd., S. 486.
296 Laut einem Nachruf, in: Ludwig I-Archiv, Nr. 39, Bayerische Staatsbibliothek München, Handschriftenabteilung.
297 Zeitungsartikel New York v. Montag, den 21. Januar 1861, a. a. O.
298 Nachruf auf Lola Montez in einer New Yorker Zeitung v. 21. Januar 1861, a. a. O.
299 Maria Buchanan an Ludwig I. von Bayern, a. a. O. – Originalbrief in englischer Sprache; hier zit. dt. Übersetzung bei Seymour, Lola Montez, S. 490f.
300 Originalbrief in engl. Sprache v. 9. April 1861, Harvard Theatre Collection, zit. nach ebd., S. 491.
301 Nach Morton, Lola Montez, S. 325.
302 Zit. nach Seymour, Lola Montez, S. 489.

303 New York Times v. 21. Januar 1861, zit. nach ebd.
304 Siehe dazu auch das Quellen- und Literaturverzeichnis.
305 Anonymus: Molla Lontez, Leipzig 1847, in: Bibliothek des Deutschen Theatermuseums in München.
306 Hopf, Albert: Politische Soiree der Ex-Regenten in England und ihre Begegnung mit Lola Montez, 1848, in: Bibliothek des Deutschen Theatermuseums in München.
307 Zit. nach Forum Vormärz Forschung, Autorinnen des Vormärz, S. 163.

BILDNACHWEIS

akg-images: 39, 81, 120, 137
Bayerisches Hauptstaatsarchiv: 68 (Geheimes Hausarchiv 54/4/32)
Bayerische Staatsbibliothek / Bildarchiv: 91, 115, 145, 150
Deckart, Heija: 127, 134
http://commons.wikimedia.org: 122
Münchner Stadtmuseum, Sammlung Grafik / Plakat / Gemälde: 56, 63, 73, 92
Nach Fuchs, Erhard: Ein vormärzliches Tanzidyll: 147
Privatarchiv: 11, 21, 35, 110
Stadtarchiv München: 60
ullstein bild – histopics: 43, 51
ullstein bild - Lebrecht Music & Arts: 31
ullstein bild – the Granger Collection: 131
Verlagsarchiv: 157

DANK

Ich danke allen Mitarbeiterinnen und Mitarbeitern der von mir besuchten Bibliotheken und Archive für allzeit gewährte Auskünfte und Unterstützung, besonders der Bayerischen Staatsbibliothek (Handschriftenabteilung) und dem Bayerischen Hauptstaatsarchiv München (Geheimes Hausarchiv).

Für weiterführende Hinweise und Materialien bin ich zu Dank verpflichtet Patrick Gannon (Sligo County Library, Ireland), Jarlath Glynn (Enniscorthy Library, Co. Wexford, Ireland) und Reverend Ian Dinton (Drumcliffe Church of Ireland) sowie den Damen von der Bantry Library (Co. Cork, Ireland), die mir erste Kontaktanschriften gaben.

Dank gebührt auch Christiane Abspacher für das Lektorat und Tina Benker für die Bildredaktion sowie Heija Deckart für überlassene Fotos von Grass Valley.

Von Herzen danke ich meinem Ehemann Eckart Eitel für geduldiges Zuhören und beständigen Zuspruch.